Vorwort

So gehet ein in Euer Bierparadies ...

Kann es etwas Ungerechteres geben, als 111 fränkische Biere vor sich aufzureihen – und dadurch zu suggerieren, sie wären wichtiger und würden besser schmecken als die anderen rund 2.000? Wohl kaum! Dennoch musste für dieses Buch eine Auswahl getroffen werden. Seine 240 Seiten reichen gerade einmal aus, um 5,5 Prozent der Sorten vorzustellen, die zwischen Hof und Dinkelsbühl, der Rhön und Weißenburg gebraut werden. Franken ist, was der Deutschen liebstes Getränk betrifft, die Region der Superlative. In seinen drei Regierungsbezirken gibt es um die 280 Braustätten. So viele wie nirgends sonst. Viele sind – oft schon seit Generationen – in Familienbesitz. Gerade einmal eine Handvoll Ausnahmen, die im industriellen Maßstab produzieren, stören das Bild eines aus der Zeit gefallenen Idylls.

Wir sind uns dessen bewusst, dass viele ihren persönlichen Favoriten vermissen werden. So schmerzhaft wie einen guten Freund, der für das Fußballspiel des Jahrzehnts kein Ticket mehr ergattern konnte und deshalb jetzt nicht mit im Stadion sitzt. Was das Bierparadies Franken prägt, sind nicht Marken, die jeder Supermarkt vorhält. Sie würden für die meistgetrunkenen stehen. Uns aber ging es darum, das Bild einer Bierlandschaft zu zeichnen, die weltweit herausragt, weil dort die Großen die Kleinen noch nicht gefressen haben. Deshalb finden sich bei uns gleich mehrere urige Rauchbiere, dominieren ländliche Kleinstbrauereien und tauchen Geheimtipps auf, die sogar manch Ortsansässigem neu sind. Wir wünschen uns, dass dieses Buch für Sie zum Ansporn wird, noch tiefer als bisher in den fränkischen Bierkosmos einzutauchen. Schauen Sie immer rechts und links des Weges und kehren Sie auch in Brauereien ein, die wir aus Platzgründen nicht erwähnen konnten. Wir versprechen Ihnen, es lohnt sich.

Aber Vorsicht: Eine Expedition durchs fränkische Bierparadies kann süchtig machen!

111 Biere

1 Vollbier Dunkel

Das Gasthaus »zur Zeitreise«

Alt ist ein relativer Begriff. Und der Name einer heimeligen und eigenwilligen, 1.000 Hektoliter Jahresausstoß kleinen Brauerei in Dietzhof am Westrand der Fränkischen Schweiz. Die Einrichtung der Wirtsstube zum Beispiel stammt noch aus den 1940ern, als die Alts angefangen haben, dort Gäste zu verköstigen. Seit dem Jahr 1886 führt die Familie die Brauerei. Schon ein wenig alt, aber noch lange nicht richtig alt. Eine Jahreszahl auf dem Türstock datiert das Haus auf 1747.

Teile der Brauerei und der Wirtschaft stehen auf den viel älteren Fundamenten eines Wasserschlosses. Der Dietzhof selbst hat noch etliche Jahre mehr auf dem Buckel. Schon 1350 wird er als Lehen eines Ritters von Wiesenthau genannt.

Ein wenig altertümlich sind auch die Sitten, an die sich mancher Gast erst gewöhnen muss. Die Speisekarte zum Beispiel liegt nicht immer aus, sondern wird auch mal vom Wirt aufgesagt. Erste Wahl sollte das Schäufele sein, das beim Alt nach Gewicht berechnet wird und das sich gern auch zwei Personen teilen dürfen. Auch die Ente, der Schweinebraten oder im Winter die Wildgerichte sind ein bodenständiger Hochgenuss. Dass sie mit handgemachten »rohen Klößen« serviert werden, versteht sich von selbst. Aber leider sind auch die Öffnungszeiten altertümlich. Samstags gibt es in Dietzhof vor 16 Uhr kein Bier. Das hat schon manchen Wanderer zur Verzweiflung gebracht.

Wenn man dann endlich einen Krug vom dunklen Vollbier in den Händen hält, weiß man: Jede Minute des Wartens war es wert. Nach einem weichen Antrunk spielen sich seine Mokka- und Röstmalzaromen immer weiter in den Vordergrund, aber nie bis ins Dominante. Immer wirkt es frisch und nie zu schwer. Das mag auch an der Sanftheit liegen, mit der der Hopfen darauf besteht, dass auch er vom Gaumen beachtet und gewürdigt wird. Und bei einem Preis von um die zwei Euro schmeckt es gleich doppelt gut.

Adresse Brauerei und Gastwirtschaft Alt, Dietzhof 42, 91359 Leutenbach, Tel. 09199/267, www.brauerei-alt.de | **Bierprofil** Vollbier Hell, Vollbier Dunkel | **Öffnungszeiten** Mi–Fr 17–23 Uhr, Sa 16–23.30 Uhr, So 11.30–23.30 Uhr, Mo und Di Ruhetag, Christi Himmelfahrt und Fronleichnam geschlossen, warme Küche nur Mi, Fr ab 18 Uhr, So 11.30–14.30 Uhr | **Tipp** Dietzhof liegt am Fuß des Walberla, des heiligen Berges der Franken. Immer am ersten Wochenende im Mai – quasi zur Walpurgisnacht – wird am Gipfel mit reichlich Bier gefeiert.

2 Rotbier

Flüssige Stadtgeschichte

Der Berg, auf dem die weltberühmte Nürnberger Burg thront, ist durchlöchert wie ein Schweizer Käse. Im Mittelalter schlug man in ihn ein wahres Labyrinth an Kellern, insgesamt umfassen sie 25.000 Quadratmeter. Acht Grad Celsius hat es da unten. Ganzjährig. Ein Glücksfall, denn genau diese Temperatur wird benötigt, um mit sogenannter untergäriger Hefe Bier zu brauen. Das dunkle Gangsystem erklärt, warum Nürnberg zu den ganz wenigen Orten zählt, an denen schon Jahrhunderte vor der Erfindung der Kühlmaschine auch im Sommer ein Vorläufer der heutigen Pils- und Lagerbiere ausgeschenkt werden konnte, das Rotbier. Gemaischt wird es mit einem raren Spezialmalz, dem Melanoidinmalz. Dieses verleiht ihm seinen angenehm säuerlichen und vollmundigen Geschmack und seine kupferrote Farbe, ist aber auch für die geringe Stabilität des Schaumes verantwortlich.

Braumeister Reinhard Engel ist es zu verdanken, dass das erstmals 1302 in einer Urkunde erwähnte Nürnberger Rotbier nicht ausstarb. 1984 eröffnete er die Hausbrauerei Altstadthof über einem Zugang in die historischen Lagerkeller. Dort braut er heute nach originalem Rezept und mit einer Technik, wie man sie eigentlich nur noch im Museum sieht. Längst ist zum gläsernen Sudhaus eine gläserne Destille für edle Bier-Brände und Whisky hinzugekommen.

Im Bräustüberl und Biergarten verkostet werden wollen auch eine obergärige – sprich: eine Weißbier-Variante – des Rotbiers, ein Helles, ein Dunkles sowie saisonale Bock- und Leichtbiere. Überhaupt hat sich der Altstadthof zu Nürnbergs Zentrum für prozenthaltigen Hochgenuss gemausert. Dank des hauseigenen Musikkellers »Schmelztiegel« würde es einen ganzen Jahresurlaub brauchen, um sich durch alle Alkoholika hindurchzutrinken. Dort geht man mit der Zeit und irritiert den Gaumen mit über 50 importierten India Pale Ales, Porters und Stouts, Botschaftern der Bierkulturen rund um die Welt.

Adresse Altstadthof – Hausbrauerei & Whiskydestille, Bergstraße 19–21, 90403 Nürnberg, Tel. 0911/2449859, www.hausbrauerei-altstadthof.de | **Bierprofil** Historisches Rotbier, Rote Weiße (Weizen), Helles, Dunkles, saisonal: zwei Bockbiere, ein leichtes Sommerbier und das bierartige Getränk Winterwärmer, das heiß getrunken wird, darüber hinaus Bier-Brände und ein preisgekrönter Whisky | **Öffnungszeiten** Bräustüberl: So–Do 11–24 Uhr, Fr, Sa 11–1 Uhr, Biergarten im Innenhof: im Sommer Mo–Sa 11–20 Uhr, So 11–15 Uhr, Brauereiladen: So–Do 10.30–17 Uhr, Fr, Sa 10.30–18.30 Uhr, geschlossen jeweils von 13.15–13.45 Uhr; Führungen durch die Felsenkeller: täglich mit unterschiedlichen Themenschwerpunkten, Tickets im Brauereiladen, www.historische-felsengaenge.de; Schmelztiegel: Mi, Do 19–2 Uhr, Fr, Sa 19–3 Uhr | **Tipp** Auch in Erlangen gibt es eine empfehlenswerte Gasthausbrauerei. Die 1995 eröffnete Steinbach Bräu stellt sogar ihr Malz selbst her.

3___Flößer

Die gewollte Disharmonie

Der kupferne Sudkessel mitten im Gastraum, elegante, aber schnörkellos zelebrierte fränkische Gerichte und genau das Ambiente, das wohlsituierten Damen und Herren im reiferen Alter gefällt – das ist das Braugasthaus »s'Antla« im Herzen der Fachwerkstadt Kronach. Markus Ott heißt der Braumeister, der dafür sorgt, dass sich die Gäste auch Biere bestellen können, die ihnen neue Geschmackshorizonte eröffnen.

Zwar gehört der dunkle »Flößer« nicht zu seinen wirklich spektakulären Sorten. Eine solche wäre das ein Mal im Jahr gebraute »Kreela«, das mit Meerrettich gewürzt ist. Aber es sticht klar aus der Masse der regionalen Braunen und Schwarzen heraus. Die zielt darauf ab, einen harmonischen, gemütlich in sich ruhenden Eindruck zu hinterlassen. Benannt ist der »Flößer« nach einem ausgestorbenen Beruf, der die Wirtschaft Kronachs und des Frankenwalds über Jahrhunderte brummen ließ. Man darf sich die Männer, die sich einst mit ihren Baumstämmen bis nach Holland haben treiben lassen, als grobschlächtig vorstellen. Als mit allen Wassern gewaschene Burschen, die keinem Streit aus dem Weg gingen. Markus Ott ist es gelungen, ein Bier zu brauen, das über genau diese rustikalen Wesenszüge verfügt.

Der »Flößer« ist eine Malzbombe, ein nahrhaftes Kraftpaket mit einer süffigen, hopfig ausgekonterten Grundsüße. Es basiert auf vier Sorten gekeimter Gerste. Ein Quartett, das sich in trauter Disharmonie dagegen wehrt, individuelle Eigenarten für ein großes Ganzes aufzugeben. So balgen sie sich um die Gunst des Gaumens. Auch nach dem Schlucken ist nicht geklärt, wer von ihnen die Oberhand behalten hat. Die Rauferei geht weiter, bis das Glas geleert ist. Ein Bier, das im Mund ein Mikrodrama inszeniert. Die legendäre Kernigkeit der Baumstammschiffer könnte übrigens auch ihrem Bierkonsum geschuldet gewesen sein. Ihre Arbeitgeber hatten ihnen täglich fünf Liter auszugeben.

Adresse Antlabräu und Braugasthof s'Antla, Amtsgerichtsstraße 21, 96317 Kronach, Tel. 09261/5045950, www.antla.de | **Bierprofil** Flößer (Dunkles), Eins (Helles), Schluck (naturtrüb) und ein Weizen; jeden Monat zudem ein anderes traditionelles oder international inspiriertes Craft Beer | **Öffnungszeiten** Mo 17–23 Uhr, Mi–Fr 11.30–14 und 17–23 Uhr, Sa, So und Feiertage 11.30–23 Uhr, Brauerei-Eventführung und Brauseminar für Gruppen nach Voranmeldung | **Tipp** Die Kulmbacher Mönchshof braut ein beliebtes Gegenbeispiel, ein Dunkles mit ausgeprägt harmonischer Malzigkeit.

4 __ Schluck

Kein Malz ist illegal!

Es gibt Biere, bei denen lohnt es sich, das Etikett genauer unter die Lupe zu nehmen. Der Details wegen, die sich im Kleingedruckten offenbaren. Die Sorte »Schluck« der Kronacher Antlabräu zum Beispiel. Vorne signalisieren die bauchigen 0,33-Liter-Fläschchen dem Durstigen, dass ihn ein nicht so recht traditionelles Stöffchen erwartet, denn sie sind frech mit einem langhalsigen Comic-Schwan im Superman-Kostüm dekoriert. Obwohl als Zutaten nur Hopfen, Wasser, Gerstenmalz, Weizenmalz und Hefe aufgeführt sind, leugnet die knapp gehaltene Beschreibung, dass es sich um ein Bier handelt. »Untergäriger Hopfentrunk« hat Braumeister Markus Ott stattdessen als Bezeichnung gewählt. Warum? Aus rechtlichen Gründen!

Die Erklärung liefert die angeblich älteste Lebensmittelverordnung der Welt, das 500 Jahre alte Reinheitsgebot. In der 1516 für das Herzogtum Bayern festgeschriebenen Brauordnung (die übrigens Dutzende regionale Vorgänger hatte) ist als Getreide ausschließlich Gerste erlaubt. Bier aus Weizen war in dieser Zeit südlich der Donau generell verboten. Dies änderte sich erst 1602, seither durften die bayerischen Herzöge auch dort Weizenbiere brauen und verkaufen – aber nur diese.

Ein Erbe dieses kuriosen bierhistorischen Details: Die aktuelle, 1993 verabschiedete Fassung des Reinheitsgebots setzt der Verwendung von Weizenmalz weiterhin eine Grenze, die jeder Vernunft entbehrt. Verwendet werden darf es nur, wenn es obergärig vergoren wird (also mit einer für das Weißbier typischen Hefe, die nach getaner Arbeit im Gärbottich nach oben steigt). Der »Schluck« aber ist mit einer untergärigen gebraut (mit einer Hefesorte also, die nach unten sinkt und eigentlich für Pils- und Lagerbiere vorgesehen ist). Geschmacklich ist der mit reichlich Hopfen aromatisierte naturtrübe »Schluck« beides – Kellerpils und Weizen – in einem. Ein flüssiger Gesetzesverstoß.

Adresse Antlabräu und Braugasthof s'Antla, Amtsgerichtsstraße 21, 96317 Kronach, Tel. 09261/5045950, www.antla.de | **Bierprofil** Wie beim »Schluck«, wird beispielsweise auch beim »Champantla« mit einer Zutat experimentiert: Es wird mit Champagner-Hefe vergoren. | **Öffnungszeiten** Mo 17–23 Uhr, Mi–Fr 11.30–14 und 17–23 Uhr, Sa, So und Feiertag 11.30–23 Uhr | **Tipp** Aus der Tradition ausbrechen, dafür steht auch die kleine Brauerei Hopfenhäusla im oberfränkischen Münchberg.

5__Kräußenpils

Die Sache mit dem Afrolook

Es gibt Biere, denen wird man nur gerecht, wenn man in die Tiefen ihrer Geschichte und ihres Brauprozesses abtaucht. Also:

1) Dass man Hefe benötigt, um die aus Wasser, Malz und Hopfen gekochte Maische zu einem schmackhaften Rauschgetränk zu vergären, weiß die Menschheit noch nicht lange. Deshalb kommt sie auch im Reinheitsgebot von 1516 nicht vor. Was den Brauern aber schon immer klar war: Wenn sich die »Kräusen« (in alter Zeit auch »Kräußen«) gebildet haben – eine dichte, sich lebendig räkelnde Schaumdecke, die an krauses Haar erinnert –, dann war der Sud gelungen.

2) Nicht nur in Franken gab es früher Kommunbrauhäuser, die sich die Bürger für die private und gewerbliche Bierherstellung teilten. Auch Brauereien hatten oft kein eigenes Sudhaus. Zum Reifen wurde der Sud, den man sich im Gemeinschaftskessel gekocht hatte, nach Hause geschafft. Er kam in offene Bottiche, wo er komplett vergor. Allerdings bewirkten die offenen Bottiche, dass das fertige Bier kaum spritzige Kohlensäure enthielt.

3) So ein schales Bier wollte natürlich keinem Bierfreund schmecken. Deshalb gaben die Brauer den schalen Suden wieder etwas von ebenjenen Kräusen hinzu, um ihnen neues Leben einzuhauchen und das Bier spritziger und vor allem trinkbar zu machen. Diese alte Tradition ist im Kräußenpils der Bayreuther Becher Bräu noch heute lebendig, einem naturtrüben Pils, das wundervoll spritzig, frisch und fruchtig mundet. Mit seinem malzigen Antrunk, den hefigen und tiefgründig hopfigen Aromen erbringt es den Beweis, dass Pils-Biere nach deutlich mehr schmecken könnten, wenn sich ihre Großmarkenhersteller weniger auf Fernsehwerbung konzentrieren und nicht jedem Rationalisierungstrend vorauseilen würden. Becher hat übrigens bis in die 1980er in einem Kommunbrauhaus gebraut. Mittlerweile hat man sich auch dort einen gläsernen Anbau mit einem funkelnden Sudhaus geleistet.

Adresse Becher Bräu, St.-Nikolaus-Straße 25, 95445 Bayreuth, Tel. 0921/68993, www.becherbraeu.de | **Bierprofil** Original (Helles), Kräußenpils (naturtrüb), Dunkles, saisonal: Festbiere und ein Bock | **Öffnungszeiten** Gasthaus mit Biergarten und Direktverkauf: täglich außer Di ab 10 Uhr | **Tipp** In Belgien wird die sogenannte Spontangärung, bei der Hefesporen aus der Luft ins Bier gelangen, noch heute praktiziert. Die dort in der Luft heimischen Hefen geben dem Lambic seinen speziellen Geschmack.

6__Mainseidla Amber Spezial

Der vermeintliche Brite

Bierfranken ist in Bewegung. Dem coolen, aus den USA in die deutschen Metropolen und von dort bis in die hintersten Dörfer geschwappten Kult um handwerkliche Biere mit bislang unbekannten Geschmacksrichtungen sei es gedankt! Weil sich die einheimischen Freunde des hopfigen Nasses allerdings schon seit geraumer Zeit mehrheitlich und vehement gegen jede Veränderung ihres Bierparadieses wehren, tun Brauereien gut daran, Behutsamkeit an den Tag zu legen. Wie das geht, haben Jörg und Anja Binkert aufgezeigt.

Ihr »Mainseidla Amber Spezial« wurde über Nacht in den Kanon der mehrheitsrelevanten Alltagsbiere aufgenommen, obwohl es mit einer der Grundfesten der regionalen Brautradition bricht. Das dürfte dem Mangel der regionaltypischen Hellen an Fruchtaromen geschuldet sein. Fränkisches Bier neigt zur Trockenheit. Es ist so wenig spritzig wie die Mentalität, die man dem Nordbayern im Allgemeinen zuschreibt. Warum? Seit Mitte des 19. Jahrhunderts ist es ganzjährig möglich, mit der temperaturempfindlichen untergärigen Hefe zu brauen. Damit war das obergärige, vitalere, aber leichter verderbliche Pendant zum Märzen beziehungsweise Lagerbier (nicht mit dem ebenfalls obergärigen Weizen zu verwechseln) zum Aussterben verurteilt. In Großbritannien hat es unter den Namen »Pale Ale« und »Amber« überlebt. Man könnte also durchaus behaupten, das Brauhaus Binkert habe gar keinen britischen Bierstilinvasoren zu sich nach Breitengüßbach bei Bamberg geholt, sondern eine einst für Franken typische Sorte rekonstruiert.

Nimmt man das »Amber« in den Mund, findet der Gaumen, was ihm schon immer an den von ihm bevorzugten Märzen gefallen und an so vielen anderen gefehlt hat. Reicht man das Glas einem Freund, ist er entzückt, endlich jenes Bier gefunden zu haben, das auf den Punkt genau seiner Vorstellung eines süffigen, typisch fränkischen Sommertrunks entspricht.

20

Adresse Brauhaus Binkert, Westring 5, 96149 Breitengüßbach, Tel. 09544/9848857, www.mainseidla.de | **Bierprofil** Anstelle eines traditionellen Dunklen wird ein Porter gebraut, ein britisches Arbeiterbier. | **Öffnungszeiten** Braugasthaus mit Biergarten: Mai–Sept. Mi–Fr 9–12 und 15–22 Uhr, Okt.–April Di–Fr 9–12 und 15–22 Uhr, Sa, So 15–22 Uhr bei schönem Wetter | **Tipp** Auch die Veldensteiner Bierwerkstatt bringt unregelmäßig ein obergäriges Helles in die Getränkemärkte, das »Bavarian Amber Ale«.

7 __Mainseidla Kellerbier

Aufbruch zu alter Blüte

Auch in Franken grassiert das Brauereisterben. Dass immer wieder jahrhundertealte Sudstätten schließen, hat allerdings nicht nur wirtschaftliche Gründe.

Erst seit sich durch den Craft-Beer-Trend herumgesprochen hat, dass man mit Bier auch fröhlich experimentieren kann und es Menschen gibt, die für ein Fläschchen deutlich mehr als 80 Cent zu bezahlen bereit sind, mildert sich ein weitaus größeres Problem. Die junge Generation hat jetzt wieder Lust, den Betrieb der Eltern zu übernehmen.

Eine der Schlüsselfiguren der regionalen Craft-Beer-Szene ist Jörg Binkert. Er ist der gefragte Ansprechpartner für Newcomer, die eine zündende Idee haben, aber kein eigenes Brauhaus. Die New Beer Generation aus Nürnberg, Maisel & Friends aus Bayreuth und die Mainzer Kreativbierlegende Kuehn Kunz Rosen sind drei Beispiele, die auf seine Kompetenz und seine Anlage bauen.

Dabei wollte die 2012 gegründete Marke Mainseidla zunächst nicht mehr sein als eine typische Landbrauerei. Jörg Binkert und seine Frau Anja haben sie ins Leben gerufen, nachdem in ihrem Heimatdorf Breitengüßbach die letzte Sudstätte für immer schloss. Und weil sich das in Bierfranken so gehört, haben sie zuallererst jene zwei Biertypen kreiert, ohne die eine Brauerei nicht als eine solche erkannt und gewürdigt wird. Ihr »Original« ist ein filtriertes Lagerbier, wie es typischer nicht sein könnte.

Geschmacklich vielschichtiger ist der unfiltrierte Bruder, das »Kellerbier«. Warum, erklärt sich von selbst, sobald man sich die Mühe macht zu hinterfragen, woher es seinen Namen hat.

Auch wenn Großbrauereien mittlerweile alles Mögliche als Kellerbier vermarkten, bei den Binkerts kommt noch genau das in die Flasche, was dort hineingehört: Gerstensaft, der so beschaffen ist, als wäre er im Keller beziehungsweise dort direkt aus dem Lagertank ins Glas gezapft – der alle Trübstoffe behalten hat.

Adresse Brauhaus Binkert, Westring 5, 96149 Breitengüßbach, Tel. 09544/9848857, www.mainseidla.de | **Bierprofil** Original (Helles), Kellerbier, Amber, Porter, Weizen, saisonal ein Bock | **Öffnungszeiten** Braugasthaus mit Biergarten: Mai–Sept. Mi–Fr 9–12 und 15–22 Uhr, Okt.–April Di–Fr 9–12 und 15–22 Uhr, Sa, So 15–22 Uhr bei schönem Wetter. An Samstagen bietet Jörg Binkert regelmäßig Brauschnupperkurse, die sogenannte Mitmachbrauerei. | **Tipp** Wer sich in die Geschmackswelten der Craft-Biere hineintrinken will, findet im Fachgeschäft Bierothek eine riesige Auswahl. Filialen gibt es in Bamberg, Nürnberg, Erlangen und Fürth.

8_ Kellerbier Dunkel

Balsam für die Kehle

Dass Franken mehr geniale Kellerbiere bietet, als man eigentlich in einem Leben probieren kann, ist kein Geheimnis. Um sie zu finden, muss man sich bisweilen abseits der ausgetretenen Pfade bewegen. Vielleicht liegt das Bürgerliche Brauhaus Wiesen aber auch nur deshalb so versteckt, damit man sich als Bierliebhaber auch mal eine Pause gönnen kann. Die Flüssigkeiten, die in einem am Ende eines langen Talwegs tief im Hochspessart verborgenen Sudhaus entstehen, sind allesamt so herausragend, dass man eigentlich für immer dortbleiben möchte.

Obwohl die Brauerei kein eigenes Gasthaus betreibt, lohnt sich ein Ausflug ins kleine, von einem romantischen Schloss beschützte Dörfchen Wiesen. Denn eine Wanderung auf einem der vielen perfekt ausgeschilderten Rundwege erklärt ganz nebenbei, dass eine intakte, von Misch- und Eichenwäldern geprägte Landschaft dem Brauer hilft, sich auf das Wesentliche, die Qualität, zu konzentrieren. Wie viel sie für den Gaumen wert ist, davon kann man sich im örtlichen Gasthof »Spessart-Einkehr« überzeugen.

Zwei Gründe für die wunderbare »Drinkability« des dunklen Kellerbieres, der Königssorte unter den Spezialitäten aus Wiesen, sind das weiche und mineralreiche Wasser der nahen Aubachquelle und die Braugerste, die die heimischen Bauern den kargen Ackerböden des Spessarts abringen und in die das sandige Terroir des Mittelgebirges buchstäblich eingewachsen ist. Im Sudkessel vereint, ergeben sie einen würzigen, malzigen Trunk mit feinen Anklängen von Röstaromen und Kakaobohnen. Im Gegensatz zu seinen vielen Brüdern aus Oberfranken pflegt, ölt und verwöhnt er den Hals mit der Sanftheit einer Babycreme. Fünf Mal haben sich Karola und Ina Elsesser, die die 1888 gegründete Brauerei als dritte und vierte Generation führen, für dieses Bier Gold geholt. Auch auf ihr Landbier, ihr Pils und ihr Export ist ein wahrer Medaillenregen niedergeprasselt.

24

Adresse Bürgerliches Brauhaus Wiesen, Hauptstraße 97, 63831 Wiesen, Tel. 06096/373, www.brauhaus-wiesen.de; Gasthof Spessart-Einkehr, Hauptstraße 37, 63831 Wiesen, Tel. 06096/379, www.spessarteinkehr.de | **Bierprofil** Pils, Export, dunkles Kellerbier, Märzen, Landbier, helles und dunkles Weizen, Aschaffenburger Pompejanus (kalt gehopftes Pils), saisonal: zwei Böcke | **Öffnungszeiten** Spessart-Einkehr: Mi–So 11.30–14 und 17.30–21 Uhr, Mo und Di Ruhetag | **Tipp** Jahrhundertelang war der Transport von Waren der wichtigste Wirtschaftszweig im Spessart. Daran erinnert die dunkle »Fuhrmann's Weisse« der Waldschloss Bräu aus Frammersbach.

9_ Helles Vollbier

Das Bier zum Selbst-Fertig-Brauen

Es gibt Dinge, die braucht kein Mensch. Zum Beispiel ein eigenes, privates Bierfass. Hat man Lust auf ein ebensolches, muss man schließlich nur in die nächstgelegene Brauerei. Dort wird es einem in den Kofferraum gehievt – gekühlt und inklusive des passenden Zapfbestecks. Niemandem käme es in den Sinn, für die paar Mal im Jahr, an denen man mit Freunden eine 30-Liter-Einheit leeren möchte, ein eigenes Behältnis im heimischen Keller zu bunkern.

Niemandem außerhalb des für seine merkwürdigen Bräuche berühmten Bierfrankens. Der Grund ist das sogenannte »Bierfassen«, eine alte Sitte, die auf die Zeit des Haus- und Kommunbrauwesens zurückgeht. Dereinst konnten Bauern, wenn sie ihr Getreide an eine gemeinwirtschaftliche Sudstätte lieferten, den daraus gekochten Saft zu einem guten Preis mit nach Hause nehmen. In eigenen Bütten und Fässern. Heute bedeutet »Bierfassen«, dass man sich ein Jungbier, einen noch nicht gereiften Sud, zum Beispiel bei der Brauerei Büttner in Untergreuth bei Bamberg, ins Fass füllen lässt und dieses ein paar Wochen lang in den Keller stellt. Je nach Temperatur und Lagerdauer wird es einen ganz eigenen Geschmack bekommen.

Schon in der achten Generation reifen die Büttners in Untergreuth ihr helles Vollbier natürlich auch selbst. Es ist die einzige Sorte, die in der 1780 gegründeten Sudstätte gebraut wird, welche so durch und durch fränkisch ist, dass der Besuch bei Zugezogenen eigentlich als Integrationskurs anerkannt werden müsste. In der gewachsen rustikalen, urtypischen Wirtsstube geht man davon aus, dass der Durst des Gastes nie gestillt ist. Es kann durchaus passieren, dass die Bedienung schon das nächste Seidla bereithält, wenn der finale Schluck des letzten eben erst die Kehle passiert. Man dankt es ihr. Und ebenso, dass es das Büttner jetzt auch in der Flasche gibt. Denn von diesem Bier will man immer noch ein nächstes.

Adresse Brauerei und Gaststätte Büttner, Untergreuth 8, 96158 Frensdorf-Untergreuth, Tel. 09502/342, www.brauerei-buettner.de | **Bierprofil** helles Vollbier, saisonal Bockbier (zum Bierfassen) | **Öffnungszeiten** Fr 16–22.30 Uhr, Sa, So 14–22.30 Uhr, jeden 2. Di 14–22.30 Uhr, Bierfassen jeden 2. Di im Monat (bitte Termine auf der Homepage beachten) | **Tipp** Den Brauch des Bierfassens gibt es auch in der Brauerei Rittmayer in Aisch, bei der Stern-Bräu Scheubel in Schlüsselfeld, bei der Brauerei Zwanzger in Uehlfeld und dem Brauhaus Höchstadt in Höchstadt an der Aisch. Bisweilen muss man sein Fass am Vortag zum Reinigen abgeben. Termine auf der Homepage der jeweiligen Brauerei.

10 Reichsstadtbier Naturtrüb

Das flüssige Geschichtsbuch

Wenn Franken ein Schatzkästlein ist, dann funkeln seine ehrwürdigen Reichsstädte darin wie Edelsteine. Sie repräsentieren die Geschichte der Region, und sie haben sie geprägt. Im Mittelalter genossen sie den Schutz des Kaisers, nur so konnten sie sich zu wirtschaftlich und kulturell prosperierenden Zentren entwickeln. Herrschaftliche Rathäuser, großartige Kirchen, prunkvolle Bürgerbauten und gut erhaltene Stadtbefestigungen zeugen vom Selbstbewusstsein der Bewohner von Nürnberg, Rothenburg ob der Tauber, Weißenburg in Bayern, Schweinfurt, Dinkelsbühl und nicht zuletzt von Bad Windsheim.

Das letztgenannte Kleinod, das heute zwei Brauereien sein Eigen weiß, wurde 741 erstmals urkundlich erwähnt. Die ursprüngliche Siedlung, an die nur noch eine Mühle erinnert, lag außerhalb des jetzigen Stadtkerns. 1248 wurde Windsheim zur Reichsstadt ernannt. Früh wandte man sich vom Katholizismus ab. Schon 1522 wurde dort nach Luther gepredigt, zusammen mit Nürnberg führte man 1525 offiziell die Reformation ein. Einen erneuten Aufschwung erfuhr die Stadt, als im 18. Jahrhundert heilkräftige Solequellen entdeckt wurden, die ihr 1961 den Titel eines Bades einbrachten.

Über all das könnte man sinnieren, wenn man am zentralen Kornmarkt vor dem urtümlich rustikalen Brauereigasthof Döbler sitzt, von stattlichen Bürgerhäusern umringt, und ein Seidla naturtrübes Reichsstadtbier in der Hand hält. Der Kern des Wirtshauses stammt aus dem Spätmittelalter. 1765 erhielt es seine jetzige Gestalt. 1867 übernahm Leonhard Johann Döbler die Brauerei, die seither im Familienbesitz ist. Der Trunk, den die heutigen Inhaber ihrer Stadt gewidmet haben, das Reichsstadtbier, ist ein Paradebeispiel eines unfiltrierten, nicht seiner Gärstoffe beraubten Lagers: honiggelb, spritzig und wie seit alters mit einem Hauch von Hefe. Erstmals eingebraut wurde es zur 850-Jahr-Feier Bad Windsheims.

Adresse Brauhaus Döbler, Kornmarkt 6, 91438 Bad Windsheim, Tel. 09841/2002, www.brauhaus-doebler.de | **Bierprofil** Altstadt Hell (Vollbier), Reichsstadtbier (Kellerbier), Weizen, Pils, Märzen, leichtes Pils, Museums Löschauer (Dunkles), Döbler Doppelbock | **Öffnungszeiten** Brauereigasthof: Mo, Mi, Fr, Sa ab 10 Uhr, Do 10–19 Uhr, Ruhetage Di, So und Feiertage; Brauereiführung und Bierseminare für Gruppen auf Voranmeldung | **Tipp** Die zweite Brauerei der Stadt ist die Bad Windsheimer Bürgerbräu, die zu Tucher und damit zum Oetker-Konzern gehört. Sie existiert nur noch als Marke.

11__Spezial

Der Geschmack des Fürther Hinterlands

»Bier braucht Heimat«, so steht es auf der Homepage der Brauerei Dorn im Landkreis Fürth. Das ist in Zeiten, in denen das Brauereisterben viele kleine Betriebe auf dem Land wie eine Seuche dahinrafft, wichtiger denn je. Für den Franken sind die in sein Land gerissenen Lücken gefühlt am schlimmsten. Er ist nicht für seine Gefühlsausbrüche bekannt, aber sein Bier ist ihm zu seinem Ausdrucksmittel der Geborgenheit geworden. Es ist der Gradmesser seiner Identität.

Deshalb ist man bei der Brauerei Dorn in Ammerndorf besonders stolz darauf, als einzige verbliebene Privatbrauerei im Landkreis Fürth die Fahne fränkischer Bierverbundenheit hochzuhalten. Zwar hat die Brauerei Tucher ihr Sudhaus – wie sie zu betonen nicht müde wird – auf der Stadtgrenze zwischen Nürnberg und Fürth, und will deshalb auch als Fürther Brauerei betrachtet werden. Aber Tucher gehört als Teil der Radeberger-Gruppe zum Oetker-Konzern. Und damit kann sich nicht jede heimatliebende Bierseele anfreunden.

Das beschauliche Ammerndorf, 15 Kilometer westlich von Fürth gelegen, wurde 1246 zum ersten Mal urkundlich erwähnt. Ab dem Jahr 1505 soll ein Mann namens Sixt Züll dort Bier gesotten haben, wo die heutige, 1730 gegründete Sudstätte steht. Der Braugasthof ist eine Fachwerkaugenweide aus dem Jahr 1630. In seinem Biergarten sitzt es sich idyllisch. Aber er bietet der fränkischen Seele leider nicht die Möglichkeit, die zehn flüssigen Heimatspezialitäten stilecht bei Schäufele und Stadtwurst zu verkosten. Stattdessen stehen Gyros und Souvlaki auf der Karte. Aber immerhin kann man sich das Ammendorfer Highlight, das Spezial, ja in der Flasche mit nach Hause nehmen. Im Antrunk malzig, füllt es seidenweich den Mund, um sich karamelselig den Rachen hinabzustürzen. Bei so einem Bier will man Zaziki sofort zu einer urfränkischen Spezialität umdeklarieren und in Ammerndorf heimisch werden.

Adresse Ammerndorfer Bier Dorn-Bräu H. Murmann, Marktplatz 1–2, 90614 Ammern-dorf, Tel. 09127/57544, www.ammerndorfer-bier.de; Braugasthof »Zur Sonne« mit Bier-garten, Marktplatz 5, 90614 Ammerndorf | **Bierprofil** Pils, Helles, Spezial (Märzen), JubiläumsTrunk (Festbier), Landbier (Dunkles), Leichtbier, Lager Urtyp, KellerTrunk, Weizen, leichtes Weizen, saisonal Bock | **Öffnungszeiten** Zur Sonne: täglich außer Di 11–14 und 17–23.30 Uhr; Brauereiführung für Gruppen auf Anfrage | **Tipp** Als Bernhard Murmann 1950 in die Ammerndorfer Brauerei eingeheiratet hat, wurde sein Nachname in die Firmierung aufgenommen. Er stammt aus einer Coburger Brauerdynastie, die auch in der Brauerei Murmann aus Untersiemau weiterlebt.

12__Narren Weiße

So sagt man in Franken »Helau« …

Wenn man am 11.11. um 11 Uhr 11 im Rheinland lautstark in den Karneval aufbricht, bleibt es im Süden, in weiten Teilen des Freistaats, ruhig. In Altbayern hat man es nicht wirklich mit dem Verkleiden und der Narretei. Im Allgäu schon etwas mehr. Turbulent wird die fünfte Jahreszeit nur in Franken gefeiert. Beleg hierfür sind unter anderem die Einschaltquoten der Prunksitzung des regionalen Fastnachtsverbandes: Die jährliche Sendung »Fastnacht in Franken« zählt nicht nur zu den erfolgreichsten des Bayerischen Fernsehens, sondern aller dritten Programme überhaupt.

Bei so viel Narrenlust darf in den Weiten des fränkischen Bierkosmos ein eigener Fastnachtstrunk natürlich nicht fehlen. Erfunden hat ihn die 1652 gegründete Brauerei Dorn aus Bruckberg im Landkreis Ansbach, die seit 1852 von der namensgebenden Familie geführt wird und gerade dabei ist, den anstehenden Generationenwechsel erfolgreich zu meistern. Stilistisch betrachtet ist die Winterspezialität ein Weizen mit einer wunderschönen hellorange leuchtenden Farbe und einem gekonnt herausgearbeiteten Bananen- und Karamellaroma. Kreiert wurde sie von einem der beiden Junioren als praktische Abschlussarbeit der Meisterschule. Weil es bis dato noch kein Faschingsbier gegeben hatte, haben die Dorns es saisonal ins Sortiment aufgenommen und den Narren und Närrinnen gewidmet.

Nicht minder gute Laune macht es, sich mit dem Dorn'schen Pils, dem Dunklen und vor allem dem süffigen hellen Vollbier anzufreunden. Und für alle, die nicht einsehen wollen, dass nach Aschermittwoch alles vorbei ist, wird im gläsernen Sudhaus ganzjährig die nach dem Schutzheiligen der Brauer benannte »Gambrinus Weiße« gemaischt. Der Biersieder Karls des Großen ziert übrigens auch den Ausleger der Wirtschaft. Ob er in Wahrheit doch ein Germanenfürst war? Niemand weiß es. Und es ist auch egal, solange er schützend über die Gäste wacht.

Adresse Dorn-Bräu, Markgrafenstraße 3, 91590 Bruckberg, Tel. 09824/326, www.dorn-braeu.de | **Bierprofil** Pils, Helles, Dunkles, Gambrinus Weiße, saisonal: Narren Weiße, Doppelbock, Dorn's Röschen (Lager) | **Öffnungszeiten** Brauereigaststätte mit Biergarten: Mo 9–14 Uhr, Di, Do–So 9–21 Uhr; Ruhetag: immer Mi und der letzte Sa und So im Monat | **Tipp** Wer den sagenhaften Gambrinus leibhaftig erleben will, kann dies Mitte Juli beim Volksfest in Treuchtlingen. Dort fährt er mit einer Kutsche durch die Stadt und hält am Wallmüllerplatz einen Prolog, während seine Helfer das ein oder andere Freibier ausgeben.

13_ Schäatzer Rogg'n

Von den Wittelsbachern verboten

Als die bayerischen Herzöge 1516 ihr Reinheitsgebot erließen, legten sie fest, dass fürderhin Gerste zu verwenden sei. Das Brauen mit Weizen sollte eingeschränkt werden, denn das wertvollere Getreide wurde vornehmlich zum Brotbacken gebraucht. Interessanterweise gönnten sich die Herzöge gleichzeitig das Monopol, obergärige Weizenbiere zu brauen. Diese konnte man den ganzen Sommer über frisch herstellen. Untergärige Gerstenbiere zu brauen war hingegen nur in den kühlen Monaten möglich, sie mussten in tiefen Kellern aufwendig mit Eis eingelagert werden.

An Roggen als Braugetreide hatte damals in Bayern niemand gedacht – und auch wenn die ein halbes Jahrtausend alte landesherrliche Verordnung längst von einer modernen Gesetzgebung abgelöst wurde, sind Roggenbiere nach wie vor selten. Das dürfte vor allem an ihrem eher ungewohnten Geschmack, aber auch an der geringeren Ausbeute im Sudhaus liegen. Um Roggenmalz in Bier zu verwandeln, ist beim ersten Brauschritt, dem Einmaischen, eine zusätzliche längere Rast notwendig, damit das Malz nicht »verklebt«. Nichts für Brauereien, für die Effizienz das Maß aller Dinge ist.

Bei der Brauerei Drei Kronen im oberfränkischen Scheßlitz, im Volksmund Schäatz genannt, gönnt man sich das erforderliche Quantum Langsamkeit. Das Schäatzer Rogg'n enthält freilich auch Gersten- und Weizenmalz, es vereint die Körper der drei Getreide zu einem angenehm malzigen und vollen Trunk – ein süffiger Durstlöscher nicht nur für die heißen Sommermonate. Charakteristisch ist sein stark brotiger, zugleich aber verspielt fruchtiger Nachhall im Mund. Mit dem älteren, bereits 1489 erlassenen »Bamberger Reinheitsgebot«, das auch im nahe gelegenen Scheßlitz gegolten haben dürfte, hätte das Schäatzer Rogg'n übrigens nicht in Konflikt gestanden. Dieses schrieb nämlich getreideneutral »nichts mere dann maltz, hopffen und wasser« vor.

Adresse Brauerei Drei Kronen, Hauptstraße 39, 96110 Scheßlitz, Tel. 09542/1564, www.kronabier.de | **Bierprofil** Schäatzer Kronabier (Lager), Premium (Helles), Original 1837 (Dunkles), Weizen, saisonal: Weizenbock, Schäatzer Rogg'n, Kirchweihfestbier, Weihnachtsfestbier, Bock | **Öffnungszeiten** Braugasthof mit Biergarten: täglich außer Mi 9.30–13 und ab 17 Uhr | **Tipp** Zwischen Bamberg und Scheßlitz liegt Memmelsdorf. Dort lockt eine zweite Brauerei Drei Kronen. Als saisonale Spezialität hat Braumeisterin Isabella Mereien eine Dinkelweiße kreiert.

14_ Spezialbier
Sieben auf einen Streich

Franken hat die größte Brauereidichte der Welt. Bei der Rekordzahl von um die 280 Sudstätten wundert es nicht, dass die Sonntagsausflügler, die im Sommer in Massen aufs Land pilgern, längst noch nicht alle entdeckt haben. Einer der letzten Geheimtipps liegt im Herzen des Wander- und Kletterparadieses Fränkische Schweiz. In Heiligenstadt verwöhnt die Brauerei Drei Kronen Aichinger in ihrem Gasthaus all jene mit einem süffigen »Spezialbier«, die sich eine echte Bastion fränkischer Rustikalität zu betreten trauen. Wer es dort schafft, sieben Seidla zu trinken, muss für das letzte nicht bezahlen. Diese Regel gilt natürlich auch für das Bockbier, das im Winter gebraut wird.

Ein Angebot, das Bände spricht über die echt ursprüngliche Herzlichkeit, mit der man im Schatten des Schlosses Greifenstein bewirtet wird. Im Drei Kronen gibt es nur diese beiden Sorten. Und davon auch nicht mehr als 400 Hektoliter jährlich. Ende und aus. Trotz dieser selbst für fränkische Verhältnisse minimalen Menge ist das Aichinger »Spezialbier« – untypisch für eine so kleine Brauerei – auch in einigen Getränkemärkten zu bekommen. Stilistisch ist die bernsteinfarbene Rarität eine Mischung aus einem Export und einem Märzen. Beim Trinken verdunkelt sich ihr anfangs malziger und freundlich heller Charakter. Schluck um Schluck schmeckt das Seidla immer herber, verwandelt sich vom edel eleganten Lager in ein bäuerlich kerniges Landbier.

Wer die Offerte des Brauers annehmen und sich im Biergarten sieben Stück einverleiben will, dem sei empfohlen, vorher durch den Marktflecken zum Schloss zu lustwandeln. Denn der romantische Adelssitz, der von hoch oben neidisch ins Glas blickt, wird noch heute von den Schenken von Stauffenberg bewohnt, dem fränkischen Zweig der Familie des Hitler-Attentäters. Bei einer Führung bekommt man alles geboten, was das Herz des Burgenfreundes begehrt.

Adresse Brauerei Drei Kronen Aichinger, Marktplatz 5, 91332 Heiligenstadt,
Tel. 09198/522 | **Bierprofil** Spezialbier, saisonal Winterbock | **Öffnungszeiten** Gasthaus
mit Biergarten: täglich außer Di ab 8 Uhr; Führungen durch Schloss Greifenstein: März
und April Mi – So, Mai – Okt. täglich, Nov. – Jan. Mi – So | **Tipp** Fährt man von Heiligen-
stadt in Richtung Bamberg und wählt dazu die nördliche Route, kommt man nach 15 Kilometern in Lohndorf an der Privatbrauerei Reh vorbei. Ihre Biere sind genial, aber sie betreibt
leider kein eigenes Wirtshaus.

15___Pils

Die süffige Blondine vom Untermain

Was ist ein typisch deutsches Bier? Das Pils, diese hellgolden schimmernde, schlanke, sanft perlende Königin der Herben mit ihrer strahlend weißen Schaumkrone! Erstmals eingebraut wurde dieser Bierstil 1842 in der namensgebenden tschechischen Stadt. Von Joseph Groll, einem aus Vilshofen stammenden Wanderbrauer. Eine epochale Erfindung machte es möglich, dass er sich in Windeseile verbreitete: Die Kühlmaschine, denn ein Pils wird bei vier bis neun Grad Celsius Kälte vergoren. Heute hat das Blonde in Deutschland einen Marktanteil von 55 Prozent. Während man sich im Norden kaum etwas anderes ins Glas zapfen lässt, fristet es im Süden Bayerns allerdings ein Nischendasein.

Zwischen Donau und Alpen sind nur fünf Prozent der getrunkenen Biere Pilsner – und das, obwohl diese Sorte wegen ihres von dort stammenden Erfinders dereinst oft mit der Bezeichnung »nach bayerischer Brauart« versehen war. Nimmt man den gesamten Freistaat, kommt das Pils dank der Franken dann aber doch mit elf Prozent auf den dritten Rang in der Statistik hinter Weizen (36 Prozent) und hellen Lagerbieren (25 Prozent).

Interessanterweise findet man eines der besten regionalen Pilsner ausgerechnet in Unterfranken, das eigentlich für seine exzellenten Weißweine bekannt ist. Die urige Wirtsstube des Brauereigasthofs Düll in Gnodstadt, einem Ortsteil von Marktbreit, hat so gar nichts mit der penetranten Forever-young-Prahlerei der Fernsehwerbungsflüssigkeiten gemein. Hier geht es ums Bier – und nicht um Lifestyle. Nur dort ist das Blonde zu haben – vom Fass oder in der Großflasche oder der Fünf-Liter-Büchse. Sein Schaum steht wie eine Eins, Malz und Hopfen fügen sich höchst harmonisch zu einem süffigen, vollmundigen und im Abgang ordentlich knackigen Herben zusammen. Dass man beim Düll gerade mal 500 Hektoliter pro Jahr braut, macht das Ganze noch sympathischer. Qualität zählt einfach mehr als Quantität!

Adresse Hausbrauerei Düll, Pfarrer-Geyer-Straße 1, 97340 Marktbreit-Gnodstadt, Tel. 09332/8663, www.duell-gnodstadt.de | **Bierprofil** Pils, ab November gibt es auch einen Winterbock – solange der Vorrat reicht | **Öffnungszeiten** Gasthaus mit Biergarten: Di, Do, Fr, Sa 17–22 Uhr, So 11.30–14.30 und 17–23 Uhr, Mo, Mi Ruhetag | **Tipp** Das nahe Städtchen Ochsenfurt wird seit 1877 von der dortigen Privatbrauerei Oechsner mit Bier versorgt.

16_ Schlappeseppel Special
Durch viele Kriege gegangen

Als König Gustav Adolf von Schweden im Dreißigjährigen Krieg Aschaffenburg einnahm und das Schloss Johannisburg zu seiner Hofhaltung erklärte, saßen seine Mannen auf dem Trockenen. Verängstigt hatten die Einwohner den Biervorrat bis auf den letzten Tropfen ausgetrunken. Kein Becher weit und breit, so die Legende, und auch keiner, der zu brauen verstand. Außer Hermann Lögler. Der alte Soldat, der wegen eines lahmen Fußes »der schlappe Seppel« genannt wurde, soll flugs einen vortrefflich mundenden Sud zubereitet haben.

Weil die Entstehungsgeschichte der Kultmarke Schlappeseppel, eines süffigen Hellen, das den Lokalpatriotismus am Untermain in Wallung bringt, einfach zu schön klingt, wundert es nicht, dass sie längst als reine Erfindung enttarnt wurde. Stadtarchivar Hans-Bernd Spies zufolge ist Aschaffenburgs Haustrunk rund 300 Jahre jünger und erhielt seinen schillernden Namen von einem Wirt, der seine Arbeit in Hausschuhen – Schlappen – verrichtete. Auch das ist eine schöne Anekdote – gehört aber ebenfalls der Vergangenheit an. Denn heute entsteht das 2009 von 4.000 Mitgliedern des Pro-Bier-Clubs durch Verkostung zum besten Bier Deutschlands gekürte Stöffchen ohnehin im benachbarten Marktflecken Großostheim. Konrad Vogel hatte die Steigerwald'sche Brauerei, die den Schlappeseppel 1930 auf den Markt gebracht hatte, 1978 an die dortige Brauerei Eder & Heylands verkauft. Nicht im Abtretungspaket enthalten war die Steigerwald'sche Braugaststätte, die Gastwirtschaft Schlappeseppel. Viele halten sie nach wie vor für die Sudstätte der Bierlegende.

Dabei wird der bernsteinfarbene, feinwürzige Gerstensaft dort nicht einmal mehr ausgeschenkt. 2011 ließ Konrad Vogel seinen Bierliefervertrag mit Eder & Heylands auslaufen. Verstehe einer dieses Aschaffenburg! Seither ist Schluss mit »Schlapp« im »Schlapp«, liegen dort Biere der Brauerei Faust aus Miltenberg am Hahn.

Adresse Eder & Heylands Brauerei, Aschaffenburger Straße 3, 63762 Großostheim, Tel. 06026/5090, www.eder-heylands.de; Gasthaus Schlappeseppel, Schlossgasse 28, 63739 Aschaffenburg, Tel. 06021/25531 | **Bierprofil** den Schlappeseppel gibt es als Spezial, Export, Pils, Helles, Kellerbier, Landbier, Weißbier, Dunkles und saisonal als Winterbock | **Öffnungszeiten** Schlappeseppel: täglich 10–1 Uhr | **Tipp** Die Eder & Heylands Brauerei hat mehr als die Marke Schlappeseppel im Sortiment. Zum näheren Kennenlernen empfiehlt sich ein Besuch in der Brauereigaststätte »Eder-Keller« in Großostheim.

17_Birkacher Rotes

Das Lieblingsbier der Altpunks

Es gibt keine wirkliche Logik, welches Bier wann und wo in Franken gerade in ist. Klar ist nur, dass jede Stadt etwa alle fünf Jahre eine Brauerei für sich entdeckt und jeder dann nur noch diese eine Sorte trinken will. In der ehemaligen Herzogstadt Coburg war kurioserweise zuletzt eine bis dahin eigentlich eher bei Freunden des Abseitigen beliebte Rarität in aller Munde, das Rote der Brauerei Eller aus dem zwölf Kilometer vor der Stadt gelegenen Dörfchen Birkach.

Ein Rotbier – einer der ältesten fränkischen Bierstile – wird mit einem speziellen, seltenen Malz gebraut. Dieses verleiht ihm die namensgebende kupferne Farbe. Dass der manchmal instabile Schaum keine rekordverdächtige Krone bildet, ist dank des weichen Körpers, der typisch feinen Süße und der als sanft zu charakterisierenden Waldfruchtaromen gern zu vernachlässigen.

Warum ausgerechnet dieses Bier? Man munkelt, es habe damit zu tun, dass die Coburger City-Kneipe »Bei Adam« es als Alternative zum ungeliebten Münchner Paulaner an den Zapfhahn gelegt hat. »Bei Adam« ist ein dunkler, in den 1980er Jahren stehen gebliebener Unterschlupf für trinkfeste Nachteulen. Altpunks veranstalten dort wie eh und je wilde Feten. Der letzte Oberbürgermeister genoss dort regelmäßig sein Feierabendbier, er konnte sich sicher sein, dass ihn niemand mit Lobby-Anliegen belästigte. Manchmal flucht in der Raucherecke ein Staatsanwalt, weil ihn ein Gast, gegen den ein Haftbefehl vorliegt, um eine Zigarette anschnorrt.

Noch weiter aus der Zeit gefallen ist die Brauereiwirtschaft der Familie Eller draußen in Birkach. Der Pilgerort der Coburger Sonntagsausflügler verströmt den Charme der Wirtschaftswunderjahre. Eine Zeitreise. Nichts scheint sich dort in den letzten fünf Jahrzehnten verändert zu haben. Weder bei den Braten- und Kloß-Gerichten noch bei der Einrichtung des fast schon musealen Speisesaals.

Adresse Brauerei und Braugasthof Eller, Brunnenstraße 10, 96253 Untersiemau-Birkach am Forst, Tel. 09565/1033; Bei Adam, Ketschengasse 50, 96450 Coburg | **Bierprofil** Rotbier, Pils, Vollbier | **Öffnungszeiten** Eller: Mo 9–13 und ab 16.30 Uhr, Di 9–13 und ab 17 Uhr, Do, Fr und Sa 9–13 und ab 16 Uhr, So und Feiertage ab 9 Uhr, Brauerei-besichtigung für Gruppen auf Voranmeldung möglich; Bei Adam: Mo–Do 16–2 Uhr, Fr 16–5 Uhr, Sa 15–5 Uhr, So 15–23 Uhr | **Tipp** Ebenfalls bodenständig, aber kulinarisch und beim Ambiente modern und gesittet ist der Braugasthof Grosch in Rödental bei Coburg. Paradebier: das Dunkle, der »Fuhrmannstrunk«.

18__Fracz

Die fränkisch-böhmische Bierhochzeit

Damit ein außergewöhnliches Bier entstehen kann, bedarf es mitunter vieler Enthusiasten. Am »Fracz« war gleich eine ganze Handvoll beteiligt. Die Geschichte dieses ersten fränkisch-böhmischen Gemeinschaftssudes begann im März 2015, als Markus Raupach von der Deutschen Bierakademie Bamberg nach Pilsen reiste. Filip Miller, ein nach Böhmen ausgewanderter Australier, arrangierte dort für ihn ein Treffen mit Vladimir Stuchl, der mit seiner noch jungen Nebenerwerbsbrauerei Blahovar gerade die Kehlen der Tschechen im Sturm eroberte. Biersommelier Raupach trug Millers Vorschlag, einen Gerstensaft zu kreieren, der die typischen, von einer intensiven Bittere umschmeichelten Obstaromen eines böhmischen Lagers mit der Trockenheit eines fränkischen Vollbiers vereint, zu Stefan Mützel, Braumeister der Schlossbrauerei Ellingen. Der war sofort begeistert. Am Morgen des 25. April 2015 rollte Stuchls Kleintransporter auf den Hof der gut 325 Jahre alten, von einem mächtigen Barockschloss umrahmten Sudstätte. Mit dabei: böhmisches Malz, weiches Wasser und, als wichtigstes, Hopfen aus dem legendären tschechischen Anbaugebiet Saaz sowie als Brauhelfer und Übersetzer unter anderem der in Pilsen lebende Kalifornier Ryan Mowbray.

Seine Premiere hatte der »Fracz«, der zur Hälfte mit den Zutaten eines »Plzeňský ležák« und zur anderen mit regionalem fränkischen Malz und Hopfen gebraut ist, einen Monat später auf dem jährlichen Bierfest im Nürnberger Burggraben. Wer ihn sich in den Krug füllen ließ, verstand sofort, dass die Idee brillant war. Denn die deutlich intensivere Hopfenaromatik eines originalen Pilsener Bieres gibt einem Frankentrunk genau jenen Kick Fruchtigkeit, der den Gaumen zum Schnalzen bringt.

Gebraut wird der »Fracz« nur, wenn sich Stefan Mützel und Vlada Stuchl Zeit freischaufeln können. Er wird nicht in Flaschen abgefüllt und ist nur selten zu bekommen.

Fürst Carl

EDELBIERE

Adresse Schlossbrauerei Ellingen, Schloss-Straße 10, 91792 Ellingen, Tel. 09141/9780, www.fuerst-carl.de; Pivovar Blahovar, Mozartova 132/1, 32300 Pilsen, Tel. 0420/604363312, www.blahovar.cz | **Bierprofil** Die Brauerei Blahovar braut aus privaten Gründen nur noch gelegentlich, Vladimir Stuchl hat sie im Herbst 2015 an Filip Miller beziehungsweise dessen Brauereineugründung »Raven« übergeben. | **Öffnungszeiten** Direktverkauf: Mo−Do 9−16 Uhr, Fr 9−12 Uhr | **Tipp** Echtes böhmisches Pils hat kaum etwas mit deutschem Pils gemeinsam. Eines der besten echten bekommt man in der Kleinbrauerei »Modra Hvezda« in Dobrany bei Pilsen, es wird nur dort ausgeschenkt.

19__Fürst Carl Dunkel

Königin der Nacht

1815 schenkte der bayerische König Maximilian I. Joseph seinem Generalfeldmarschall Carl Philipp Joseph von Wrede das mächtige Barockschloss Ellingen. Der Prachtbau, zu dem auch eine Brauerei gehörte, war ein Jahrhundert zuvor über einer Residenz des Deutschritterordens errichtet worden. Er ist der optische Anker eines Ortes, der von magischen Grenzlinien durchzogen ist. An Ellingen führt der Limes vorbei, die Mauer, die das kulinarisch verwöhnte Römerreich vom bierseligen Barbaricum der Germanen abschirmte. Geografisch liegt das Städtchen nicht mehr wirklich im fränkischen Seenland, aber auch noch nicht im altbayerischen Altmühltal. Sogar die Bäche sind sich nicht einig, wohin sie gehören, die Europäische Wasserscheide schickt die einen zur Donau und die anderen zum Main. Klarheit gewinnen, wer du bist, scheint deshalb in Ellingen das ganz große Thema zu sein.

Auch für die Schlossbrauerei, die die Nachfahren von Wredes in der mittlerweile siebten Generation führen. Braumeister Stefan Mützel hat so lange an der Rezeptur seines nachtschwarzen Lagerbiers getüftelt, bis es einen Charakter angenommen hatte, der beispiellos ist in seiner Eindeutigkeit und Stringenz.

Fränkische Dunkle werden gern so komponiert, dass sich eine intensive Malzsüße und eine hinterhältige Hopfenbitternis wie Kontrahenten gegenüberstehen. Beim »Fürst Carl Dunkel« hingegen ziehen die ausgeprägten Karamellnoten und die flankierenden Mokka- und Schokoladenaromen an einem Strang. Sie kooperieren so harmonisch, dass man von einem in sich geschlossenen Geschmackskosmos sprechen möchte. Es ist, als übermittle der Gaumen dem Gehirn fotografische Aufnahmen eines Paradieses, in dem an den Bäumen nur Süßigkeiten wachsen. Die Jury des European Beer Star, des wichtigsten Qualitätswettbewerbs der Branche, erklärte das »Fürst Carl« 2014 zu Recht zum besten Dunklen des Kontinents.

Adresse Schlossbrauerei Ellingen, Schloss-Straße 10, 91792 Ellingen, Tel. 09141/9780, www.fuerst-carl.de | **Bierprofil** Dunkles, Pils, Export, Helles, Kellerbier, Leichtbier, Josefibock, saisonal unter anderem Edelsud (Festbier), Winterbock und ein Faschingsbier | **Öffnungszeiten** Schlossbräustübl mit Biergarten: täglich außer Mo ab 10 Uhr, Brauerei- führungen nach Voranmeldung, Schlossbesichtigung täglich außer Mo | **Tipp** In Weißen- burg, wo die Römer eine Therme hinterlassen haben, versorgt die Brauerei Sigwart seit 1451 die Bevölkerung mit Bier.

20__Franconian Red

Auf die feine englische Art

Einen altüberlieferten Bierstil in seinen Grundfesten verändern, darf man das? Ja, sagte sich Karsten Buroh, als er 2015 mit Eppelein & Friends eine Manufaktur für Edel- und Szenebiere eröffnete. Nicht minder aufmüpfig als der Namensgeber seiner Mikrobrauerei, der fest in der Nürnberger Volkskultur verankerte Raubritter und Bürgerschreck Eppelein von Gailingen (circa 1320–1381), hat er ein Bier kreiert, das als Frontalangriff auf die Traditionsverliebtheit der etablierten regionalen Brauer verstanden werden kann und soll. »Franconian Red« heißt es – fränkisches Rotes. Der Name klassifiziert den Trunk als Rotbier, eine Sorte, die im Mittelalter in Nürnberg entwickelt wurde und eine ganz große historische Ausnahme darstellt, da sie schon immer mit untergäriger Hefe gebraut wurde (siehe auch Altstadthof, Nürnberg). Ein lokales Heiligtum, das quasi unter Denkmalschutz steht. Dennoch nahm sich Karsten Buroh die Freiheit, dem kupferfarbenen Greis unter den Gerstensäften eine Verjüngungskur zu gönnen und ihn mit seinem britischen, nicht minder traditionsbehafteten Pendant zu kreuzen, dem Red Ale.

Der Skandal blieb freilich aus, denn die Nürnberger haben mit dem Gaumen abgestimmt und dabei gar nicht so recht mitbekommen, dass seine Interpretation mit einem Einwanderer vergoren wurde, einer obergärigen Hefe von der Insel. Geschmacklich erwies sich der Blick über den bierkulturellen Tellerrand als zündende Idee. Obergärig gebraut, verliert das Rotbier seine typische, aber nicht für jeden angenehme metallene Note, und die fruchtigen Aromen roter Beeren haben die Oberhand.

Die Grundidee, das Beste der fränkischen mit anderen europäischen Biertraditionen zu kreuzen, spiegelt sich in vielen weiteren Kreationen von Eppelein & Friends. Mit dem »Franconian Amber« hat es Karsten Buroh sogar gewagt, ein Kellerbier mit einem belgischen, obergärigen Hellen zu verschmelzen.

Adresse Eppelein & Friends, Craft Bier-Manufaktur, Feldgasse 43, 90489 Nürnberg, Tel. 0172/8342323, www.eppeleinfriends.de, Direktverkauf: Der Vollrath-Laden, Hahnen- balz 35, 90411 Nürnberg | **Bierprofil** weitere ständige Sorten sind das Franconian Blonde (Pale Ale), das Sigena Mandarina (Cream Ale) und das Hop!Hop!Hop! (India Pale Ale); saisonal beziehungsweise nach Braukalender weitere neun Sorten | **Öffnungszeiten** Direkt- verkauf: Mo–Do 10–12 und 14–16 Uhr, Fr 10–12 Uhr | **Tipp** Auch die Red Castle Brew aus Gräfenberg braut ihr Rotbier mit einer obergärigen Hefe. Donnerstag bis Samstag hat sie einen Stand auf dem Hauptmarkt in Nürnberg.

21 Zwergla
Bambergs stärkste Brauerei

Früher, ja früher war alles besser! Diesen Satz hört man immer dann, wenn sich ein Stammtisch und das ihn umgebende lebendige Wirtshausinterieur in einer Phase der schleichenden Selbstauflösung befinden – sprich: wenn wegen Überalterung Kehle für Kehle allmählich wegzusterben droht. Auf den Unbedarften dürfte da keine Stadt ähnlich gefährdet wirken wie das traditionsverliebte Bamberg, das seinen gelebten Katholizismus gern zur Schau stellt, wenn bei der berühmten Fronleichnamsprozession Dutzende Männer zentnerschwere Figuren durch die Stadt schleppen. Sobald man aber zum Beispiel die Brauereigaststätte Fässla besucht hat, wird man eines Besseren belehrt.

In der rustikalen Schwemme, der kutschenbreiten Hauseinfahrt, und im lauschigen Innenhof tummelt sich Tag für Tag ein lückenloser Altersquerschnitt. Vom eben erst im offiziellen Trinkerlaubnisalter angekommenen 16-Jährigen über hibbelige Gruppen von Studenten bis zum schon seit ewig verrentnerten, wortkargen Gärtner: Alle trinken hier ihr Seidla oder holen sich ein Kistlein. Und das genau deshalb, weil sich Roland Kalb, der Bräu vom Fässla, einem um sich greifenden Biertrend widersetzt hat.

Während andere Brauereien ihre Stöffchen leichter und leichter machen, hat er seinem flüssigen Aushängeschild, dem »Zwergla«, ein Mehr an Prozenten gegönnt. Vor gut 20 Jahren hatte das extrem süffige mahagonibraune Untergärige gerade einmal 5,3 Prozent Alkohol. Heute ist es Oberfrankens Paradebeispiel für ein dunkles Märzen, ein ganzjährig gebrautes, malziges und nur dezent gehopftes Festbier. Mit seinen sechs Prozent Alkohol ist das »Zwergla«, das die bereits 1649 nachweisbare Brauerei zur zweitgrößten der Stadt gemacht hat, fast schon so kräftig wie ein Starkbier. Perfekt, um für einen der Bamberger Top-Events zu trainieren: den Anstich des 8,5 Prozent Alkohol starken Fässla-Bocks »Bambergator« im Herbst.

Adresse Brauerei Fässla, Obere Königsstraße 19−21, 96052 Bamberg, Tel. 0951/26516, www.faessla.de | **Bierprofil** Zwergla (Vollbier), Pils, Lager, helles und dunkles Weizen, saisonal: Bambergator (Bock) | **Öffnungszeiten** Braugaststätte: Mo−Sa 8.30−23 Uhr, So und Feiertage 8.30−13 Uhr | **Tipp** Ende Oktober bis Mitte November zelebriert nahezu jede Brauerei in und um Bamberg einen Bockbieranstich. Termine bei der Tourismus-Info erfragen.

22 Auswandererbier 1849

Beste Grüße aus Übersee

Über fünf Millionen Deutsche packten im 19. Jahrhundert ihre Siebensachen und begaben sich auf eine mehrwöchige und gefährliche Schiffsreise, um in den gelobten USA ein neues Leben zu beginnen. Die Geschichte eines dieser Emigranten hat die Brauerei Faust in ein außergewöhnliches, zugleich sündhaft teures Bier übersetzt. Man schmeckt die Hoffnung, die August Krug die Zustände an Bord hat ertragen lassen – die Enge, Unsicherheit und die katastrophalen hygienischen Verhältnisse. Das India Pale Ale »Auswandererbier 1849« beeindruckt nicht nur durch seine 7,5 Prozent Alkohol.

Nicht minder berauschend ist die Fülle seiner Fruchtaromen. Nase und Gaumen sind betört von einem Bouquet aus Litschi, Mango und Zitrusfrüchten, das eine vage, verklärte Vorstellung von einem Paradies jenseits des Atlantiks zaubert. India Pale Ale, das ist ein im 18. Jahrhundert für lange Schiffstransporte entwickelter britischer Bierstil; dank überreichlich Hopfen verdarb es auch unter der Äquatorsonne nicht. Das Datum 1849 verweist auf das Jahr, in dem die Kämpfer der freiheitlichen 48er-Revolution zu Gejagten geworden waren. Wie Tausende floh August Krug, Sohn eines Brauereibesitzers aus Miltenberg am Main, in die Vereinigten Staaten. Noch im selben Jahr eröffnete er in Kilbourn Town / Milwaukee sein eigenes Braugasthaus. 1850 folgten sein Vater Georg Krug, dessen acht Jahre alter Neffe August Uihlein und der Mainzer Joseph Schlitz. Gemeinsam beziehungsweise aufeinanderfolgend entwickelten sie die kleine »August Krug Brewery« zum Branchenprimus. 1874 wurde sie in »Joseph Schlitz Brewing Company« umbenannt, 1902 durfte sie sich als größte Brauerei der Welt bezeichnen.

Wie die Marke »Schlitz« gibt es übrigens die Brauerei »Zum weißen Löwen«, die Georg Krug 1850 zurückließ, noch immer. Allerdings ist sie heute nach jener Familie benannt, in deren Alleinbesitz sie 1895 gelangte: Faust.

Adresse Brauhaus Faust, Hauptstraße 219, 63897 Miltenberg, Tel. 09371/97130, www.faust.de | **Bierprofil** Die Brauerei Faust hat fünf Gourmet-Spezialitäten kreiert. Das »Johann Adalbert Hochzeitsbier« erzählt die Geschichte der heutigen Brauerfamilie. | **Öffnungszeiten** Brauereiladen: Jan.–März Mo–Fr 8–17 Uhr, April–Okt. Mo–Fr 8–18 Uhr, Sa 10–18 Uhr, So 11–16 Uhr, Nov., Dez. Mo–Fr 8–18 Uhr, Sa 10–18 Uhr | **Tipp** Bei Gourmetbieren ist es wie beim Wein: Man muss viel wissen, um sie voll genießen zu können. Die Deutsche Bierakademie aus Bamberg bietet ständig Abendseminare an, die jedem offenstehen.

23__Braureserve 1237

Der Sherry unter den Bieren

Ein Mythos besagt, dass man nur Wein lagern kann – Bier aber nicht. Richtig ist, dass auch Starkbier 20 Jahre im Keller gut verträgt und dabei ebenfalls an Tiefe und Aromatik gewinnt. Die Haltbarkeit von zehn Jahren, die das Etikett der 10,9 Prozent starken »Braureserve 1237« angibt, ist also entgegen der ersten Annahme doch kein Druckfehler. Der Name dieser teuren Spezialität, erzählen die Inhaber des Brauhauses Faust, bezöge sich auf die Tradition einer eisernen Notreserve. 1237 steht für die Gründung der Stadt Miltenberg, der Heimat von Faust. Beides ist wenig hilfreich, um das Rätsel dieses seltsamen kastanienroten Gerstensaftes zu entschlüsseln, der blind verkostet auch als Sherry durchgehen würde.

Tatsächlich ist die »Braureserve 1237« enger mit diesem als mit einem Pils verwandt: sie schmeckt untergründig süß, hat intensive Noten von Trockenpflaumen, Rosinen und Beeren. »Barley Wine« – Gerstenwein – heißt dieser britische Biertyp, der in Franken, Deutschland, ja in ganz Kontinentaleuropa so wenig bekannt ist, dass sich kaum eine Brauerei an ihn herantraut. Erfunden wurde er, um Englands Durst stillen zu können, als Napoleon die Insel mit einem Handelsembargo belegte. Mit heimischen Zutaten gelang es, den Geschmack und die Konsistenz der dort hochgeschätzten Dessertweine nachzuahmen.

Ein »Barley Wine« basiert auf einem obergärigen, extrem starken, malzbetonten und kohlensäurearmen, typisch britischen Ale. Während einer etliche Monate dauernden Reifung in Holzfässern, die zuvor zum Beispiel mit Whiskey oder Rotwein gefüllt waren, vollzieht sich seine Wandlung.

Wer diese Rarität zum ersten Mal genießt, sollte alles vergessen, was er bis dahin über das Biertrinken gelernt hat. Die »Braureserve 1237« gehört als Aperitif zu Lamm, Wild oder einem fruchtigen Dessert serviert. Kein Feierabendbier! Richtig ist ein Sherryglas. Nicht trinken, sondern genießen!

Adresse Brauhaus Faust, Hauptstraße 219, 63897 Miltenberg, Tel. 09371/97130, www.faust.de | **Bierprofil** In ihrem »Schatzkapelle« genannten Spezialkeller reift die Brauerei Faust auch einen preisgekrönten Eisbock, der ebenfalls als Aperitif getrunken wird. | **Öffnungszeiten** Die Schatzkapelle kann im Rahmen einer Brauereiführung besichtigt werden, Sa ganzjährig, April–Okt. auch So um 14 Uhr. | **Tipp** Im nicht weit entfernten Tauberbischofsheim pflegt die Brauerei Distelhäuser ebenfalls die britische Biertradition, zu ihrem Sortiment zählen ein Stout und ein Porter.

24__Riesen Spezial
Flüssige Romantik

Im Jahr 1368 quartierte sich Kaiser Karl IV. acht Tage lang in Miltenberg ein, einem schmalen, in das enge Tal des Mains modellierten Städtchen. Gewohnt hat er in einer Herberge namens »Zum Riesen«. Die hatte damals schon zwei Jahrhunderte auf dem Buckel, darf sich heute Deutschlands ältestes Gasthaus nennen und ist allein schon wegen ihres schmucken Fachwerk-Ambientes einen Besuch wert.

Man kann annehmen, dass das, was dem gekrönten Gast dort als Bier kredenzt worden war, wie damals üblich mit allerlei Kräutern wie Schafgarbe und mitunter auch mit psychoaktiven Pflänzchen wie dem Stechapfel gewürzt war. »Gruit« nannte man solche Biere, die auch ohne Hopfen auskamen und die übrigens noch lange nach der Einführung des Reinheitsgebots gebraut wurden.

An ganz so alten Rezepturen hat sich die Miltenberger Brauerei Faust dann doch nicht orientiert, als sie für den seit 2001 von ihr betriebenen »Riesen« ein gleichnamiges historisches Pils beziehungsweise Lager kreierte. Biergeschichtlich verweist das Dunkelblonde auf die Epoche der Romantik, in der die Dichter und Denker die Schönheit des deutschen Fachwerks besangen. In die erste Hälfte des 19. Jahrhunderts fallen aber auch technische Neuerungen, die zu einer Revolution des Brauwesens führten. Mit seiner ungewohnt üppigen Malzigkeit verneigt sich das »Riesen Spezial« vor den Tüftlern, die damals nahezu zeitgleich die heute vorherrschenden Sorten Pilsner, Wiener und Münchner Malz erfanden. Reichlich Hopfen sorgt dafür, dass die Süße der gekeimten Gerste fein ins Bittere hin ausbalanciert ist und so die Süffigkeit, die der untergärigen Brauart ab 1845 zu ihrem weltweiten Siegeszug verholfen hat, quasi in ihrem Originalzustand nachvollziehbar ist. Wer wissen will, wie ein deutsches Pils ursprünglich geschmeckt haben muss, kann mit dem »Riesen Spezial« in die Stunde null der modernen Bierkultur zurückreisen.

International völlig unbedeutend. National eher zweitrangig. Regional der Hammer.

Trend
und g
Faus

Adresse Brauhaus Faust, Hauptstraße 219, 63897 Miltenberg, Tel. 09371/97130, www.faust.de; Gasthaus Zum Riesen, Hauptstraße 99, 63897 Miltenberg, www.riesen-miltenberg.de | **Bierprofil** Vielfache Auszeichnungen erhielt die Brauerei für das Bayerische Hell, das Pils, das Festbier, das Export, den Doppelbock, das Dunkelbier Schwarzviertler und das dunkle und helle Hefeweizen. Insgesamt gibt es 14 traditionelle Sorten sowie Raritäten. | **Öffnungszeiten** Zum Riesen: Mo–Do 11–24 Uhr, Fr, Sa 11–1 Uhr, So 11–22 Uhr | **Tipp** Marktheidenfeld, 35 Kilometer mainaufwärts gelegen, ist ebenfalls ein sehenswertes romantisches Städtchen und hat mit der Martinsbräu eine eigene Brauerei.

25__Export

Der Österreicher aus London

Beim Bier gibt es solche und solche. Diese Bier-Binsenweisheit klingt so überflüssig wie jede andere auch. Weil sich aber hinter der Formulierung, dass es gerade beim Exportbier solche und solche gibt, viele Körnchen Wahrheit verstecken, sei sie hiermit ausgesprochen. Ein Export, darunter ist bierhistorisch ein zum Verkauf in fernen Gefilden vorgesehenes Untergäriges zu verstehen. Es wurde hochprozentig eingebraut, eine Stadt, ein Land oder einen Kontinent weiter verschickt und am Bestimmungsort auf einen durchschnittlichen Alkoholgehalt heruntergedünnt. Wie genau es schmeckt, ist eine Frage der Gerste beziehungsweise des aus ihr gewonnenen Braumalzes.

Das 1843 erfundene Dortmunder Export ist ein golden leuchtendes, nur schwach gehopftes Helles und gilt als ein in enormen Mengen schluckbares Arbeiterbier. Das Münchner Export wird mit einem ganz anderen, bei 100 Grad Celsius gedarrten Malz gebraut, ist deutlich dunkler und süßer. In Deutschland selten ist das dritte der Geschwister, das Wiener Export, das aufgrund des verwendeten Wiener Malzes einen ganz eigenen Charakter hat.

Einen der wenigen Vertreter dieses im 19. Jahrhundert übrigens nicht in Österreich, sondern in London entstandenen Biertyps kann man sich mitten in der Fränkischen Schweiz, bei der Brauerei Först in Drügendorf, ins Glas füllen lassen. Ungewohnt liegt es auf der Zunge. Beim ersten Schluck vom elegant Kupfergoldenen mag man noch darüber nachgrübeln, wie so ein Bier ausgerechnet in das doch eher verschlafene Dörfchen am westlichen Ausläufer der Fränkischen Schweiz kommt. Aber spätestens beim dritten Schluck ist man den ausgeprägten Karamellaromen erlegen. Dann will man auf ewig in der urtypischen Gaststätte der 1525 gegründeten Familienbrauerei verhocken und immer noch tiefer in diese Rarität hineinschmecken. Und München, Dortmund und Wien können einem gestohlen bleiben.

Adresse Brauerei Först, Drügendorf 26, 91330 Eggolsheim, Tel. 09545/8583, www.brauerei-foerst.de | **Bierprofil** Export, Pils, Helles, Lager | **Öffnungszeiten** Direktverkauf: Mo−Mi 8−18 Uhr, Do 8−12 Uhr, Fr 8−18 Uhr, Sa 9−12 Uhr; Brauereigaststätte mit Biergarten: So−Mi ab 16 Uhr sowie So zum Frühschoppen | **Tipp** Einmal im Jahr – im Winter – braut die Brauerei Göller aus Zeil am Main ein »Wiener Lager«, das, der Name sagt es, ebenfalls auf Wiener Malz basiert.

26___Forstquell Weiße
Klasse statt Masse

Es gibt ein paar Biermarken, die wirklich jeder kennt, von Flensburg bis nach Füssen. Die wohl steilste Karriere hat jene mit den blauen Kästen hingelegt: Oettinger. Mit seinem Konzept, auf alles zu verzichten, was den Ladenpreis auch nur um einen Cent in die Höhe treiben könnte, hat der 2013 verstorbene Inhaber und Braumeister Günther Kollmar Bierdeutschland gezeigt, worauf es der Mehrheit der Durstigen wirklich ankommt: ihren Geldbeutel.

Was die wenigsten wissen, ist, dass die Geschichte des Phänomens Oettinger in einem kleinen Ort an der Grenze Frankens zum Schwäbischen ihren Anfang nahm, in Fürnberg. 1400 wurde dort das markgräflich-ansbachische Brauhaus »Zum schwarzen Adler« gegründet. 1731 übernahm die Familie Höhenberger, nach dem Zweiten Weltkrieg heiratete Otto Johann Kollmar in den Betrieb ein. Günther Kollmar hat das Bierhandwerk bei diesem von der Pike auf gelernt. 1958 wurde in Fürnheim der letzte Sud gekocht, dann fiel die Brauerei in einen tiefen Dornröschenschlaf.

Bis 1997 Günther und Ingrid Kollmar das Juwel unter dem Namen Forstquell wieder wachküssten, der Brauerei ein neues, auf gerade einmal 13 Hektoliter ausgelegtes Sudwerk und dem historischen Gasthof ein sensibles Facelifting gönnten. Highlight im Wirtshaus ist der Blick in einen 50 Meter tiefen Brunnen, auf dessen Grund das Brauwasser für die Forstquell-Biere plätschert.

Drei Sorten stehen regelmäßig, aber nicht immer auf der Karte: Das Forstquell Gold ist ein schönes unfiltriertes Pils, das Forstquell Kupfer ein schönes, rundes dunkelorangefarbenes Kellerbier.

Von ganz besonderer Klasse ist die Forstquell Weiße, die das diesem Bierstil eigene Spiel mit Bananenaromen auf die Spitze treibt. Obwohl man mit jedem Schluck sehr reife Früchte im Mund zu spüren glaubt, ist sie wunderbar elegant. Denn sie schmeckt, als habe sie der Braumeister gekonnt mit Nelke verfeinert.

Adresse Forstquell-Brauerei, Fürnheim 35, 91717 Wassertrüdingen, Tel. 09832/9657, www.forstquell.de | **Bierprofil** Forstquell Gold (Pils), Forstquell Kupfer (Kellerbier), Forstquell Weiße, saisonal: Roggenbier, Bock | **Öffnungszeiten** Brauereigasthaus mit Biergarten: Fr–So und Feiertage 11–24 Uhr, Mo–Do ab 11 Uhr (April–Okt.) beziehungsweise ab 16 Uhr (Nov.–März). Immer an Vollmond können Neugierige nachts beim Brauen dabei sein. Voranmeldung erforderlich. | **Tipp** Im nahen Ausflugsstädtchen Dinkelsbühl braut die Stefansbräu ein wunderbares Zwickelbier.

27 __ Zwickel

Von einer Frauenhand gehopft

Wer hätte nicht gern einen König oder Kaiser unter seinen Vorfahren? Aber ach, letztlich stammen wir doch alle von Knechten, Mägden und Bauern ab, die sich, fröhliche Lieder anstimmend, täglich für die Ernte und den Zehnten den Buckel krummmachten. Im Fränkischen Freilandmuseum in Bad Windsheim lässt sich nachempfinden, wie genau unsere Ahnen gelebt haben. 100 originale, begehbare Dorf- und Bauernhäuser aus sieben Jahrhunderten laden dort zu einer Zeitreise in die Alltagsgeschichte der einfachen Leute ein.

Als Bierliebhaber sollte man natürlich zuallererst das Kommunbrauhaus ansteuern. Es wurde 1730 in Schlüsselfeld erbaut. Bis 1902 konnten es alle brauberechtigten Einwohner des im Landkreis Bamberg gelegenen Kleinstädtchens nutzen, dann teilten es sich drei Brauereien als Gemeinschaftssudhaus. 1988 wurde das Gebäude abgetragen und 1994/95 auf dem 45 Hektar großen Museumsgelände wieder aufgebaut und neu in Betrieb genommen. Sonntag bis Mittwoch steht ein Braumeister der Bad Windsheimer Bürgerbräu am Sudkessel, um unter echt historischen Bedingungen ein Dunkles und ein Zwickel zu zaubern, die so schmecken, dass unsere kollektiven Ahnen ein »Bassd scho« gebrummelt hätten – die höchste Anerkennung, die man im maulfaulen Dialekt zu formulieren vermag. Wie vor 100 Jahren üblich fließt die Würze nach dem Brauprozess auf ein Kühlschiff, eine raumgroße flache Wanne, damit ihre Temperatur schnell sinkt. Es dampft, die Brillen der Besucher, die bei diesem Schauspiel live dabei sind, beschlagen. Nach altem Brauch darf eine der anwesenden Damen jetzt die letzte Hopfengabe in den noch heißen Sud streuen, damit das Bier gelingt.

Im historischen Museumswirtshaus verkosten sollte man vor allem das Zwickel. Der erste Eindruck: kräftig und voll – und dennoch leicht spritzig und weich. Ein originales Kellerbier, das bei der Windsheimer Bürgerbräu vergoren wird.

Adresse Fränkisches Freilandmuseum, Eisweiherweg 1, 91438 Bad Windsheim, Tel. 09841/66800, www.freilandmuseum.de | **Bierprofil** Zwickel, Dunkles; die Biere sind auch im regionalen Getränkehandel erhältlich | **Öffnungszeiten** März–Okt. 9–18 Uhr, Nov.–Dez. 10–16 Uhr, März, April, Okt., Nov. und Dez. Mo geschlossen, Ostermontag geöffnet | **Tipp** Auch im zweiten Fränkischen Freilandmuseum in Fladungen steht ein historisches Kommunbrauhaus. Benutzt wird es aber nur einmal im Jahr, das Ergebnis wird immer im Juni feierlich angestochen.

28_ Friedelsator

Heimtücke ist ein feiner Zug

Warum tragen eigentlich so viele Bockbiere einen Namen, der auf »ator« endet? Der Ursprung dieses Brauchs liegt im 17. Jahrhundert: Damals erfanden die Mönche des heiligen Franz von Paola – die Paulaner – einen besonders starken Fastentrunk, den sie zu Ehren ihres Ordensgründers »Sankt Vaters-Bier« nannten. Als die geistliche Sudstätte infolge der Säkularisation in weltliche Hände kam, wandelte sich der heilige zum weltberühmten Namen Salvator. Dieser wurde 1899 durch das Kaiserliche Patentamt in Berlin gesetzlich geschützt, weshalb sich alle anderen Brauereien seither etwas ausdenken müssen.

Die Brauerei Friedel, die so ungern Werbung in eigener Sache betreibt, sodass sie der Geheimtipp des ohnehin etwas abseits gelegenen Bierlands um Neustadt an der Aisch geblieben ist, hat ihren Beitrag zum fränkischen Bockbier-Jahr »Friedelsator« genannt. Ab Mitte Oktober wird immer irgendwo in der Region der Beginn der Starkbiersaison gefeiert, jede Brauerei zelebriert ihn als den Hauptevent der kalten Jahreshälfte.

Das mit sieben Prozent recht ordentliche, aber keineswegs sensationell gehaltvolle helle Starkbier des Familienbetriebs aus Zentbechhofen wird immer am letzten Wochenende im Oktober angestochen – mit viel Tamtam, wie es sich gehört. Und es ist tückisch wie sonst keines, denn der Fiedelsator vermag die Gefahr, die in ihm steckt, gekonnt zu verbergen. Vom ersten Schluck an legt er seinem Trinker einen grasig frischen, angenehm harzigen Hopfenton in den Mund, der sich dort festsetzt, als wäre er ein Ohrwurm und der Gaumen das Gehör. Bezüglich des Katers danach ein kleiner Rat: Ein Seidla wie zwei Normale rechnen, denn der Kerl gibt sich ausgesprochen schlank. Er rinnt süffig wie ein Märzen. Oder die kleine Brauerei doch lieber im Sommer besuchen, wenn auch der Biergarten geöffnet ist und nur die konventionell starken Sorten im Ausschank sind.

Adresse Brauerei Friedel, Höchstadter Straße 1, 91315 Höchstadt an der Aisch-Zentbechhofen, Tel. 09502/209 | Bierprofil Pils, Vollbier, Landbier, Märzen, Kellerbier, Weizen, saisonal: Friedelsator, Weihnachtsbier | Öffnungszeiten Brauereigaststätte mit Biergarten: Mo–Fr ab 16 Uhr, Sa, So und Feiertage ab 9 Uhr | Tipp Im Wald bei Zentbechhofen betreibt die im Nachbarort Greuth ansässige Brauerei Fischer etwas versteckt im Sommer den extrem lauschigen Biergarten Fischer's Keller.

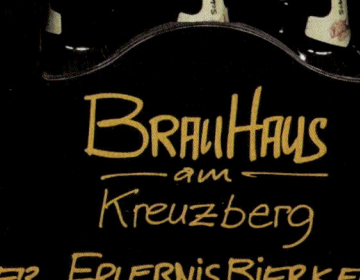

29 Ritter Wirnt Trunk

Stark und tugendhaft

Es ist üblich, dass ein Ort seine berühmten Söhne und Töchter dadurch ehrt, dass man Straßen nach ihnen benennt. Wer ein höheres Maß an Erinnerung verdient, dem wurde in den letzten Jahrhunderten oft auch ein Brunnen gewidmet. Und die ganz großen Stars bekommen bisweilen von einer örtlichen Brauerei auch noch ein Bier gewidmet. Insofern ist der Dichter Wirnt von Gräfenberg ein echter Superstar, sind ihm doch alle drei Ehrerbietungen zuteilgeworden.

Viel weiß man nicht über ihn. Gelebt hat er wohl in der ersten Hälfte des 13. Jahrhunderts, die in seinem Namen enthaltene, damals noch junge Ansiedlung im Süden der Fränkischen Schweiz wird als sein Geburtsort angenommen. In seinem 11.700 Verse langen Epos »Wigalois«, durch das sich Studenten der Mediävistik, der Mittelalter-Forschung, noch heute kämpfen müssen, schickt er einen jungen Ritter aus, um das Reich der schönen Königin Larie von einem heidnischen Zauberer zu befreien. Selbstredend muss er auf dem Weg dorthin viele Abenteuer und Prüfungen bestehen und auch einen Drachen erschlagen.

Ganz so alt wie die Mär vom tapferen Ritter ist die Brauerei Friedman natürlich nicht, die zusätzlich zu ihrem Wirtshaus am Ortsrand von Gräfenberg einen Biergarten betreibt, der mit einem atemberaubenden Panoramablick lockt. Seit 1875 ist sie im Besitz der namensgebenden Familie. In ihren Lagertanks reift der dunkel rotbräunlich schimmernde »Ritter Wirnt Trunk«. Das feine Vollbier zeigt recht schnell herbe Röstnoten, die die feine Malzsüße so trefflich in Schach halten wie Wigalois den bösen Drachen. Und dank seiner üppigen 5,6 Prozent Alkohol fühlt man sich auch schnell ritterlich stark. Gebraut wird der Drachentöter übrigens von einer schönen Maid. Sigi Friedman war die jüngste Braumeisterin Deutschlands, als sie 1982 die Leitung der kleinen, feinen und auf Tradition und Handwerk bedachten Biersiedestätte übernahm.

Adresse Brauerei Friedmann, Jägersberg 16, 91322 Gräfenberg, Tel. 09192/318, www.brauerei-friedmann.de; Braugaststätte Friedmann's Bräustüberl, Bayreuther Straße 14, 91322 Gräfenberg, Tel. 09192/992318; Biergarten zum Bergschlösschen, Am Michelsberg 36, 91322 Gräfenberg, Tel. 0162/5890690 | **Bierprofil** Ritter Wirnt Trunk (Dunkles), Landbier, Pils, Lager, Weizen, saisonal: Festbier | **Öffnungszeiten** Braustüberl: Mi ab 17 Uhr, Do–So ab 11 Uhr, Mo, Di Ruhetag; Biergarten: Fr ab 16 Uhr, Sa, So und Feiertage ab 14 Uhr, Mo–Do geschlossen | **Tipp** Der Helm eines edlen Ritters schmückt das Wappen der Brauerei Hebendanz in Forchheim, 1579 gegründet und seither in Familienbesitz. Unbedingt besuchenswert: ihr Braugasthaus in der Innenstadt und die beiden ganzjährig bewirtschafteten Bierkeller im Forchheimer Kellerwald.

30__Förster Pils

Mit »genial« zu übersetzen

Was nützt die beste Werbung, wenn sie der Volksmund einfach persifliert? Im Fall der Gampertbräu aus Weißenbrunn im Frankenwald: viel! Der spektakulär alte, 1514 gegründete Familienbetrieb hat sich als Maskottchen einen altväterlichen Förster ausgedacht. Der gestrenge Herr in grüner Joppe streckt den Durstigen einen golden glänzenden Idealtrunk entgegen und spricht: »Das Bier, bei dem die Würze stimmt!« In aller Munde aber ist ein anderer Slogan: »A Gampert is net schlampert!« Die Fans der mit einem Jahresausstoß von 800 Hektolitern solide großen Brauerei haben ihn selbst geprägt. Man muss wissen, dass das höchste Lob, zu dem sich der Franke hinreißen zu lassen sich imstande fühlt, ins Hochdeutsche transferiert »passt schon« lautet. »Net schlampert« wäre mit »genial«, »perfekt« und »absolutes Lieblingsbier« zu übersetzen.

Das bevorzugte Gampert ist zu Recht das »Förster Pils«. Wer in einem Umkreis von 70 Kilometern einen Handwerker bestellt, kann dessen Arbeitstempo wie in jenen Zeiten, als zwölf Seidla am Tag ganz normal waren, spürbar beschleunigen, indem er ihm ein paar Fläschchen davon hinstellt. Mit anderen Marken klappt das zwar auch, es ist aber nicht so effizient. Das »Förster Pils« ist das Kultbier von jedermann, weil man mit ihm sprichwörtlich nichts verkehrt machen kann. Egal, in welcher Situation man es gerade trinkt, es schmeckt immer. Der schlanke Körper, das hopfenblumige Aroma und der eher halbtrockene Charakter sprechen den Freund milder Pilsner genauso an wie die Liebhaber eleganter heller Vollbiere – und diese stellen in Franken die Mehrheit.

Noch beliebter könnte die Gampertbräu wohl nur werden, wenn sie ihr Maskottchen der barbusigen Nixe, die das Weißenbrunner Wappen ziert, einen Arm um die nackte Schulter schlingen ließe. Gerste und Hopfen im Emblem der Stadt verweisen auf einstmals fünf lokale Brauereien. Auch nicht schlampert, oder?

Adresse Gampertbräu, Braustraße 2–4, 96369 Weißenbrunn, Tel. 09261/60330, www.gampertbraeu.de | **Bierprofil** Pils, Helles, Dunkles, Förster Gold (Spezial), Märzen, helles und dunkles Weizen, Leichtbier, Jubiläumsbier (Spezial), saisonal: Festbiere | **Öffnungszeiten** Brauerei: Mo–Do 7–16.30 Uhr, Fr 7–14.30 Uhr | **Tipp** Zum Kronacher Freischießen im August, einem der ältesten Volksfeste in Franken, brauen die Gampertbräu, die Franken Bräu aus Mitwitz und die Kronacher Kaiserhof-Brauerei je ein Festbier – und wetteifern um den inoffiziellen Titel des besten Sudes.

31_ Zwickelpils
Der große Unbekannte

Touristen lieben das schicke Ambiente des Bamberger Wirtshauses Eckerts – und zusammen mit den Franken die vom Gault-Millau prämierte Küche und das Bier der historischen Mühle. Auf der Terrasse, unter der die Regnitz rauscht, sitzen auffallend häufig weit gereiste Bierfreaks. Man erkennt sie daran, dass sie zielsicher jene Sorte ordern, die den Einheimischen ein Rätsel ist – und dass sie den gläsernen Krug zur Farbanalyse in die Sonne halten und an der Schaumkrone riechen, bevor sie den ersten Schluck nehmen.

Nur hier wird das ganze Jahr über Bier der Ein-Mann-Brauerei Gänstaller ausgeschenkt. Es hört auf den Namen »Zwickelpils« und ist ein sensationelles, naturtrübes, raffiniert gehopftes Lager. Wer es einmal gekostet hat, der weiß, dass die Biersommeliers mit ihrer Behauptung recht haben, Gerstensaft biete eine weit breitere Vielfalt an Aromen als Wein.

Gebraut wird das Geschmackswunder in Schnaid, einem kleinen Dorf nahe Forchheim. Andreas Gänstaller, ein Quereinsteiger, hat sich dort in der ehemaligen Brauerei Friedel eingemietet. Kein Logo, nichts weist am Gebäude auf seine Marke hin. Wenn er nicht gerade am Kühlschiff steht, einer wohnzimmergroßen Wanne, in der er den Sud mit Hopfen nachwürzt, ist er irgendwo in den USA, Schweden oder Italien unterwegs. Andreas Gänstaller gilt in der Craft-Beer-Szene, der internationalen Fangemeinde des Außergewöhnlichen, als einer der besten Brauer der Welt. Von Kopenhagen bis Rom schätzen sich Taphouses, Biergourmetkneipen mit bis zu 100 Zapfhähnen, glücklich, dass sein Name auf ihrer Karte steht. Bescheiden, ja fast schüchtern präsentierte er sich im Januar 2016 in Santa Rosa, Kalifornien, beim zweitägigen RateBeer Best Festival, das man sich als Grammy-Party der Braumeister vorstellen darf. Gut 35 Sorten hat Andreas Gänstaller kreiert. Im Eckerts probieren kann man neben dem Zwickelpils auch ein wechselndes Monatsbier.

Adresse Gänstaller Bräu, Schnaid 10, 91352 Hallerndorf, Tel. 0170/7964691, www.gaenstaller.de; Eckerts, Obere Mühlbrücke 9, 96049 Bamberg, Tel. 0951/9842500, www.das-eckerts.de | **Bierprofil** 35 untergärige Sorten nach traditionell fränkischer Brau-art und in freier Interpretation internationaler Bierstile sowie in wenigen Fällen auch mit außergewöhnlichen Zutaten wie Myrrhe | **Öffnungszeiten** Brauerei: keine Besuchs- und Besichtigungsmöglichkeit, kein Direktverkauf; Eckerts: täglich 7–1 Uhr | **Tipp** Die zweit-größte Chance, Biere von Andreas Gänstaller bestellen zu können, hat man im Café Abseits in Bamberg. Das unscheinbare, unter Bierfreunden weltberühmte Lokal, das 60 Sorten auf der Karte stehen hat, freut sich über jedes Fass, das es von ihm bekommen kann.

32 Rotbier

Tierisch gut

Bisweilen kommt einem eine Expedition durchs fränkische Bierreich vor, als sei man auf Safari. An allen Ecken und Enden wimmelt es von Adler- und Löwenbrauereien, recken Schwäne auf den Flaschenetiketten ihre Hälse und schlagen Pfauen ein Rad. Keiler, Hirsche und Rehe vertreten Wald und Flur, und in Getränkemärkten stehen Wolf und Lamm in bierseliger Eintracht nebeneinander. Nicht selten leiten sich die tierischen Embleme von alten Hausnamen ab und dienten dereinst, als kaum jemand lesen konnte, als Adresse beziehungsweise Hausnummer. Fast ausnahmslos sind es Tiere, mit denen man Stärke, Eleganz und andere positive Eigenschaften verbindet.

Und dann steht man mitten im mittelfränkischen Oberreichenbach beziehungsweise dort vor der einzigen Brauerei und muss, will man sich in der gemütlichen Wirtsstube ein Seidla genehmigen, unter einem Aasvogel hindurch! Nicht ohne Selbstironie hat die Familie Geyer, die auch Obst- und Bierschnäpse brennt, ihren Namen zum Wappen ihrer Brauerei gemacht und auf den Ausleger, der am stattlichen, 450 Jahre alten Fachwerkbau die Gäste herbeiwinkt, auch einen solchen hinaufgesetzt. Bunt gefiedert und mit langem Schnabel.

Abschrecken lassen sollte man sich von ihm nicht, denn sonst würde man eines der besten fränkischen Rotbiere versäumen. Vollkommen zu Recht ist es 2014 beim Wettbewerb European Beer Star mit Bronze geehrt worden. Während die meisten Vertreter dieses mittelalterlichen Biertyps zu einer malzigen Süße neigen, überrascht das Oberreichenbacher mit einer feinen Trockenheit, nur etwas Karamell, aber nussigen Aromen. Davon mag man sich gern ein zweites oder drittes gönnen. Im Sommer empfiehlt es sich, hierzu den etwas außerhalb im Wald gelegenen Felsenkeller aufzusuchen, das zum Biergarten umgebaute uralte Brauereilager. Aber nicht übertreiben, denn wer sich schwindlig trinkt, sieht sonst schnell Geier über sich kreisen.

Adresse Brauerei und Gasthof Geyer, Hauptstraße 18, 91097 Oberreichenbach,
Tel. 09104/2802, www.brauereigasthof-geyer.de; Geyer's Felsenkeller, Tanzenhaider Weg 6,
91097 Oberreichenbach | **Bierprofil** Helles, Pils, Hausbräu (Naturtrübes), Hefeweizen,
Rotbier, saisonal: Festbier | **Öffnungszeiten** Braugasthaus: Mo–Do 9–14 und 17–23 Uhr,
Fr–So 9–23 Uhr, Di Ruhetag; Geyer's Felsenkeller: Mo–Fr ab 17 Uhr, Sa ab 14 Uhr,
So und Feiertage ab 11 Uhr | **Tipp** Wer lieber Wölfe auf dem Etikett hat, wird bei der
Brauerei Wolfshöher in Neunkirchen am Sand fündig. Lämmer gibt es bei der Brauerei
Schroll in Nankendorf. Der Pfau ziert die Biere der Brauerei Hetzel aus Frauendorf, und
in Ochsenfurt gibt es den Kauzen Bräu.

33___Lohrer Kindl

Schwarz wie Ebenholz

Wer hat es nicht zum Einschlafen vorgelesen bekommen, das Märchen vom Schneewittchen, das sieben Mal schöner ist als seine böse Stiefmutter? 1986 hat der Apotheker Karlheinz Bartels die Anzahl der Orte auf vier erweitert, die für sich in Anspruch nehmen, der reale Schauplatz der Geschichte zu sein. In Wirklichkeit soll das hübsche Kind Maria Sophia Margaretha Catharina von Erthal geheißen haben, 1725 in Lohr am Main geboren worden sein und bitter unter der zweiten Frau, die sich der Vater in ihrem 18. Lebensjahr genommen hatte, gelitten haben. Um zu beweisen, dass Bartels recht hat, erklärte sich Lohr zur Schneewittchenstadt und richtete um einen Spiegel aus dem 18. Jahrhundert herum ein Museum ein. Je nach persönlichem Gusto ist beides höchst sehenswert: Die historische Bühne des Märchens – oder, wie eine ganze Stadt aus einer illustren Theorie ein großes Geschäft macht.

Was Lohr dabei bis vor Kurzem noch gefehlt hat, war ein Schneewittchen-Bier. »Lohrer Kindl« heißt es und schmeckt so gut, dass es sogar die bösen Zungen, die ihre Stadt im Kitsch versinken sehen, zum Schnalzen bringt. Erfunden hat es Manuel Müller, der 2014 ein paar Kilometer außerhalb in Halsbach den Goikelbräu begründete.

Für das dunkle Weizen nutzt er ein altes, aufwendiges Brauverfahren, das bereits zu Lebzeiten der Gebrüder Grimm zum Aussterben verurteilt war. Der Sud des »Lohrer Kindl« wird zunächst mit obergäriger Hefe vergoren. So wie jedes andere Weizen auch. Aber danach kräust es Manuel Müller zusätzlich auf. Das bedeutet bildlich gesprochen: Er schöpft aus einem Gärbottich, in dem eine untergärige Hefe gerade ein Lagerbier formt, einen Eimer voll heraus und mengt ihn dem Jungweizen bei. Wozu? Damit das »Lohrer Kindl« beim Reifen optimal nachgären kann, dunkler im Glas und extrem harmonisch im Mund liegt. So schwarz wie Ebenholz und mit einer Schaumkrone weiß wie Schnee.

Adresse Goikelbräu, Zum Sommerhof 2, 97816 Lohr am Main-Halsbach,
Tel. 09359/9097840, www.goikelbraeu.de | **Bierprofil** Festbier, Böhmisches Pilsner,
Lohrer Kindl, Kellerbier, Weizen | **Öffnungszeiten** Direktverkauf: Okt. bis Ostern
Fr 8 – 18 Uhr, Ostern – Okt. zusätzlich Di 17 – 19 Uhr | **Tipp** In Lohr lohnt sich ein
Besuch des Keiler Brauhauses, das zugleich Gasthaus und gläserne Produktionsstätte ist.

34_Dunkel

Vom perfekten Schweinebraten …

Der Franke hat es ja nicht so mit den Trends. Schon gar nicht, wenn es um seine Heiligtümer geht: das Bier, das »Schäuferla« (Schweineschulterbraten) und die persönlich bevorzugte »Wärdschafd«. Am liebsten ist es ihm, wenn er gar nicht erst erfährt, dass sich die kulinarische Welt um ihn herum mal wieder einen neuesten Schrei hat einfallen lassen. Das »Food Pairing« zum Beispiel. Trägt man diesen Anglizismus an einen Stammtisch heran, werden die Umsitzenden recht beiläufig die Augenbraue heben, sich aber keinesfalls die Mühe machen, nachzufragen: Was soll das denn sein?

Food Pairing ist die Lieblingsdisziplin der Biersommeliers. Es geht darum, das kongeniale Bier zum Gericht festzulegen, das dann automatisch mit dem Getränk serviert wird. Dazu hält man sich an logische Formeln. Ist die Aromatik des Essens zum Beispiel mit der des Bieres verwandt, potenziert sich das Geschmackserlebnis. Kombiniert man hingegen gegensätzliche Aromenwelten, fühlt sich der Gaumen, als hätte er die Hauptrolle in einem Thriller ergattert. Man kann aber auch scharfe Gerichte gezielt mit einem milden, fruchtigen Bier abrunden, da es die vom Chili verdeckten Aromen freilegt.

Dass die Stammgäste der Brauerei Gradl im kleinen Leups, einem Ortsteil von Pegnitz, davon nichts hören wollen, es könnte auch am dortigen Dunklen liegen. Denn zum deftigen fränkischen Essen mit seinen sämigen Soßen und seiner Vielfalt an Gewürzen passt dieses Bier schon immer wie die Faust aufs Auge. Seit gefühlten Jahrhunderten. Vorsicht: Wer es einfach so bestellt, wird noch vor dem ersten Schluck vom Wunsch nach einem gebratenen Stück Schwein übermannt. Hierzu genügt, dass man den würzigen Duft, der aus dem Bierkrug steigt, in der Nase hat. Malzig, kernig und mit einer schönen Herbe aus Röstaromen und Hopfen: Man muss kein Food-Hunter sein, um die gottgegebene Bestimmung dieses Gerstensaftes zu erkennen.

Adresse Brauerei Gradl, Leups 6, 91257 Pegnitz, Tel. 09246/247 | **Bierprofil** Dunkles, Pils, saisonal: Maibock und Weihnachtsbock | **Öffnungszeiten** Direktverkauf: Mo–Sa 8–16 Uhr; Brauereigasthof mit Biergarten: Mo und Mi–So ab 10 Uhr, Di Ruhetag; Brauereiführung für Gruppen auf Anfrage | **Tipp** Weil im Inflationsjahr 1923 die Rohstoffpreise explodierten, schlossen sich in Pegnitz acht Brauer zusammen. Aus dem Verbund ging das Böheim-Bier hervor.

35 __ Huppendorfer Vollbier
Everybody's Darling

Das Huppendorfer Vollbier ist eines der bekanntesten Landbiere aus dem Norden Bayerns. Alle lieben es, denn es verhält sich wie ein Chamäleon und passt sich ganz von allein jedem Anlass an, zu dem ein Glas Bier einfach dazugehört. Egal, ob zu einem deftigen Essen oder einfach nur so, wenn man sich mit Freunden trifft – dank des malzigen Körpers und der immer wieder neu aufwallenden Herbe schmeckt das bernsteinfarbene Huppendorfer Vollbier derart unaufgeregt, dass man nie weiß, beim wievielten Seidla man gerade ist.

An seinem Geburtsort, der Brauerei Grasser in Huppendorf, einem 140 Einwohner kleinen Dorf am Nordrand der Fränkischen Schweiz, lässt sich wunderbar ablesen, mit welcher Behäbigkeit jene technischen Entwicklungen den Weg nach Franken fanden, die das Brauwesen im ausgehenden 19. Jahrhundert umkrempelten. Keimzelle der Kultbrauerei ist ein Gasthaus, das um das Jahr 1500 gegründet worden sein dürfte. Durch Heirat gelangte es 1742 an den Urahn der heutigen Brauerfamilie, Pankraz Grasser, der es 1750 um eine Braustätte erweiterte. Vom bierhistorischen Urknall der 1870er Jahre scheinen seine Nachfahren lange nichts mitbekommen zu haben.

Ab den 1870ern wurden allerorten Kleinstbrauereien von den ersten industriellen Großbrauereien verdrängt. Eine Erfindung revolutionierte Europas Bierlandschaften: die Kühlmaschine. In Huppendorf aber maischte man in dieser Zeit sogar noch in einem Sudhausinventar aus Holz. Man baute zwar einen neuen Gärkeller, aber dort war es im Sommer zu warm, Eimer für Eimer musste man den Sud deshalb in einen in den Fels gehauenen Stollen schleppen. Erst 1953 kam die erste Kühlanlage in die Huppendorfer Brauerei. Heute ist sie technisch auf einem Stand, der keine Wünsche offenlässt. Geblieben ist nur eines: der urige und süffige Charakter des Biers. Wahrscheinlich ist es deshalb so beliebt!

Adresse Brauerei Grasser, Huppendorf 25, 96167 Königsfeld-Huppendorf, Tel. 09207/270, www.huppendorfer-bier.de | **Bierprofil** Huppendorfer Vollbier, Pils, Zwickel, Weizen, saisonal: Winterweizen, zwei Böcke, Weihnachtsfestbier | **Öffnungszeiten** Brauereigasthaus mit Biergarten: täglich außer Di ab 9 Uhr; Brauereiführungen für Gruppen nach Voranmeldung | **Tipp** Im nahen Schederndorf lockt der Gasthof der 1742 gegründeten Brauerei Will, das kuriose Sortenpaar des Familienbetriebs zu testen. Ganzjährig gebraut werden nur ein Dunkles und ein Weizen.

36__Dreikönigsbock

Wo man sich das Jahr schön trinkt

Ein kluger Spruch besagt: »Tradition ist das Weitergeben des Feuers und nicht das Bewahren der Asche!« Wie sich eine Glut, die seit Jahrhunderten in der Volksseele glimmt, immer wieder neu zum Lodern bringen lässt, kann man an jedem 6. Januar in Nordfranken und am intensivsten in der Bamberger Brauerei Greifenklau miterleben. »Stärk' antrinken« nennt sich der Brauch, in jene Wirtschaften zu pilgern, die ein eigens für diesen Tag eingebrautes Bockbier anstechen. Ganze zwölf Seidla muss man bis zum Abend intus haben, damit das neue Jahr ein gutes wird, eines für jeden Monat. Im 1691 abgeschafften gregorianischen Kalender fiel der Jahreswechsel auf den 6. Januar.

Siegmund Brockhard, Inhaber der kleinen Brauerei Greifenklau, nutzt das »Stärk' antrinken«, um seine Gäste für die Vielfalt des Hopfens zu sensibilisieren. Obwohl die Sinnesrezeptoren spätestens nach dem vierten Starkbier nicht mehr geradeaus schmecken können. Trotzdem stellt er bereits im November ein paar Fässer seines Bockbiers auf die Seite. In jedes hängt er ein Säckchen, das mit einer anderen Hopfensorte gefüllt ist. Wie bei einem Teebeutel gibt so der Hopfen seine ätherischen Öle an das Jungbier ab. »Hopfenstopfen« heißt diese teure, aufwendige und deshalb nur selten praktizierte Technik der Veredelung.

Beim traditionellen »Stärk' antrinken«, bei dem das Braugasthaus aus allen Nähten platzt, werden dann immer parallel zwei Fässer angestochen. Es empfiehlt sich, immer auch aus beiden zu ordern. Denn so schmeckt man am klarsten heraus, was ein Brauer meint, wenn er das Aromenspektrum des Hopfens als unendlich bezeichnet. Mandarina Bavaria versus Galaxy: Mandarinen- gegen Maracujanoten. Hallertauer Blanc versus Hallertauer Tradition: Blumen, Grapefruit und Stachelbeere gegen Gras und Kräuter. Damit man alle Monate schafft, gibt es die Dreikönigsböcke auch in kleinen Gläsern.

Adresse Brauereigasthof Greifenklau, Laurenziplatz 20, 96049 Bamberg, Tel. 0951/53219, www.greifenklau.de | **Bierprofil** Saisonal werden der Dreikönigsbock, ein Frühlingsbock und Winterbock sowie nach Lust und Laune des Brauers übers Jahr verteilt diverse weitere Sorten gebraut. | **Öffnungszeiten** Di–Sa 10.30–23.30 Uhr, So 10–14 Uhr, Mo Ruhetag | **Tipp** Wem zwölf Bockbiere zu viel Flüssigkeit sind, der kann sich mit nur einem Fläschchen vom Schorschbräu in einen vergleichbaren Zustand beamen. Die Ein-Mann-Brauerei hat sich auf Biere spezialisiert, die bei rund 13 Prozent Alkohol beginnen – das stärkste hat 57 Prozent.

37_Lagerbier

Leben wie Gott in ...

Wer in Bamberg Feines trinken will, hat die Auswahl aus nicht weniger als zehn Brauereigaststätten mit hausgemachtem Gerstensaft. Neu Zugezogene oder Touristen, die abseits der eingetretenen Pfade wandeln und sich dabei den Kaulberg hinauf verirren, werden mit einem echten Geheimtipp belohnt, der sich hinter den Empfehlungen der Reiseführer nicht zu verstecken braucht.

1719 errichtete der Domherr Franz Friedrich von Greifenklau am Laurenziplatz ein Wirts- und Brauhaus nebst Stadel, Stallung und Hofreit. Dazu gehörte auch ein größerer Garten mit romantischem Blick zur Altenburg. Die Bamberger danken es ihm heute, indem sie sommers wie winters zu ihrem »Greif« pilgern, um sich sein süffiges Lagerbier schmecken zu lassen.

Es mag ein Unding sein, zu behaupten, dieses oder jenes untergärige Helle – das Brot und die Butter des Franken – wäre das Beste in und um Bamberg. Weil sich das in der Region so gehört, sind sie sich nämlich viel zu ähnlich. Aber ganz vorne ist das Lagerbier von Greifenklau ganz sicher mit dabei.

Nimmt man einen Schluck in den Mund, schleicht sein üppig malziger Körper behäbig über die Zunge. Auf halbem Weg schubst ihn der Hopfen von dort weg und breitet seine angenehm dosierten Bitterstoffe wie ein Leintuch aus. Man fragt sich: Wie kann es sein, dass sich Gott nur in Frankreich als ein solcher fühlt, obwohl er sich hier einen Steinkrug voll Genuss zapfen lassen könnte? Braumeister Sigmund Brockhard – übrigens die vierte Generation beim Greifenklau, die diesen Namen trägt – wüsste ihn bisweilen auch mit einem feinen Rauchbier und hochkarätigen hellen und dunklen Böcken zu betören.

Bambergs Starkbieranstiche im November sind – auch im Greifenklau – urig und legendär. Wer sich im Sommer sein Seidla nach draußen in die Sonne holt, sitzt buchstäblich auf dem Bierkeller, der drei Stockwerke tief in den Sandstein getrieben ist.

Adresse Brauereigasthof Greifenklau, Laurenziplatz 20, 96049 Bamberg, Tel. 0951/53219, www.greifenklau.de | **Bierprofil** ganzjährig werden ein Lager und ein Weizen gebraut | **Öffnungszeiten** Di–Sa 10.30–23.30 Uhr, So 10–14 Uhr, Mo Ruhetag | **Tipp** Seine zehnte Brauerei mit eigenem Gasthaus hat Bamberg erst 2016 bekommen, den Erlkönig. Die elfte Brauerei – Weyermann – betreibt kein Wirtshaus.

38_Bayerisch Nizza
Das fast verbotene Leckerli

Man kommt zwischendurch einfach nicht drum herum und muss sich auf Wortklaubereien einlassen. Denn es gibt immer jemanden, der für das Benutzen eines Begriffs strenge Regeln aufgestellt hat. Der Bayerische Brauerbund zum Beispiel. Er hat die Definitionsmacht, was sich »Bayerisches Bier« nennen darf und was nicht, denn er hat sich diese Wortpaarung als Marke schützen lassen. Und er hat verfügt, dass sie nur von seinen Mitgliedern aufs Flaschenetikett gedruckt werden darf.

Nicht im Traum dachte Christian Hans Müller, Gründer der Craft-Beer-Marke »Hanscraft & Co.«, daran, dem Berufsverband auf die Füße zu treten, als er einer seiner Bierkreationen den Namen »Bayerisch Nizza« gab. Dass ihm 2014 dennoch eine Klage angedroht wurde, könnte viel damit zu tun haben, dass der Star der deutschen Kreativbierszene allerlei Konventionen über Bord wirft. Der Bierkünstler, der ursprünglich Zahnarzt war – für ihn ein Beruf mit zu wenig Biss –, betreibt kein eigenes Sudhaus, er lässt nach seinen Rezepturen brauen. Vor allem aber sind seine Kreationen so freizügig von allen Bierstilen der Welt inspiriert, dass es manch einem Traditionalisten bange wird.

Das Bayerisch Nizza zum Beispiel ist eine Melange aus einem typisch süddeutschen Weißbier und einem britisch-belgischen Pale Ale, einem leichten, süffigen obergärigen Pendant zum Hellen. Dank der Schwerelosigkeit seines Malzkörpers und einer extra intensiven, zitrusfruchtigen Hopfenaromatik kommt dieses Bier in den hippen Szene-Clubs der Metropolen so gut an, dass die lediglich ins coole umetikettierten Gerstensäfte der Etablierten zu Kühlschrankhütern werden. Am Ende durfte das »Bayerisch Nizza« seinen Namen übrigens behalten. Christian Hans Müller hatte ihn als Reminiszenz an seine Heimatstadt Aschaffenburg gewählt. Die wird ob ihres milden Klimas und ihrer heißen Sommer im Volksmund so genannt.

Adresse Hanscraft & Co., Würzburger Straße 152, 63743 Aschaffenburg, Tel. 06021/5808990, www.hc-co.de | **Bierprofil** weitere Stammsorten sind das Backbone Splitter (Westcoast India Pale Ale), das Single Hop (Pils), das Black Nizza (Dunkles) und das Black Nizza Motor Øl (9 Prozent Alkohol) | **Tipp** Im nahen Großostheim entstehen in Eders Brauwerkstatt ebenfalls aufwendige Craft-Beer-Spezialitäten.

39___Very White Porn Star
Koriander auf der Zutatenliste

Bierdeutschland schaut nicht gern über seinen Tellerrand. Das zeigt sich immer dann, wenn das Reinheitsgebot zur Sprache kommt und sich offenbart, wie wenig selbst eingefleischte Thekenhocker darüber wissen. Zum Beispiel, dass es auch hierzulande immer »unreine« Sorten gegeben hat wie die mit Milchsäure vergorene Berliner Weiße oder die mit Salz gewürzte Gose. Solche Typen dürfen mittlerweile wieder gebraut werden. Außer in Bayern.

Weil die Kreativbierschmiede Hanscraft & Co. in Aschaffenburg und damit in der Verbotszone sitzt, musste sie für eine aufsehenerregende, zutatenreiche Kreation den Umweg über Niedersachsen gehen. Eigentlich wollte Bierkünstler Christian Hans Müller, der kein eigenes Brauhaus besitzt, seinen »Very White Porn Star« wie gewohnt in und mit einem fränkischen Sudhaus realisieren. Doch weil es sich dabei um ein Witbier handelt, einen uralten, in Belgien beheimateten Biertyp, wurde es ihm untersagt. Das Witbier ist ein enger Verwandter des Weißbiers. Während bei der deutschen Version eine spezielle Hefe typische Bananenaromen erzeugt, erhält das Witbier seinen säuerlich-fruchtigen Geschmack durch Zugabe von Orangenschalen und Koriander. Auch wird es – was das Reinheitsgebot verbietet – mit rohem Weizen statt mit Weizenmalz gebraut.

Kolja Gigla von der Mashsee Brauerei in Hannover darf mit diesen Ingredienzen operieren, und so schloss sich Christian Hans Müller, dessen Zutatenliste auch Kardamomsamen und chinesische Süßholzwurzel aufzählte, mit ihm zusammen. Riecht man am »Very White Porn Star«, hat man feine Orangen- und Gewürzaromen in der Nase – fast ein wenig wie ein Parfum. Aber sie drängen sich nicht in den Vordergrund, sind nur Begleiter. Ein weiches, ungemein süffiges Weizenbier. Mit nur 4,7 Prozent Alkohol perfekt für den Sommer. Aber geschmacklich natürlich etwas ganz anderes. Bierneuland – vor allem für die Franken.

Adresse Hanscraft & Co., Würzburger Straße 152, 63743 Aschaffenburg, Tel. 06021/5808990, www.hc-co.de | **Bierprofil** Hanscraft & Co. kreiert immer wieder neue Craft-Biere – zum Teil werden sie nur einmal gebraut. | **Tipp** Der belgischen und britischen Biertradition entlehnte, für den fränkischen Gaumen neue Spezialitäten braut auch die nahe Kitzingen gelegene Albertshöfer Sternbräu.

40_ Pappenheimer Landbier hell

Der Hopfen der Erhellung

Manch traditioneller Bierbrauer sagt sich, wenn er zu seinen rebellischen Kollegen aus der Craft-Beer-Szene hinüberblickt: »Jaja, ich kenne meine Pappenheimer! Ein Bier verrückter als das andere, aber keiner von denen bekommt ein richtig gutes, einfaches Helles hin!« Und damit hat er nicht ganz unrecht. Denn auch wenn so ein helles Lager gemeinhin als der langweiligste aller Bierstile abgetan wird, dem Brauer verlangt er ganz schön etwas ab. In seinen Rezepturen gibt es weder Massen an Hopfen noch vollmundig-schwere Spezialmalze, die Fehlaromen überdecken. Bei einem Hellen kann der Brauer nichts verstecken. Ein Helles verzeiht keinen Fehler.

Bierfreunde, die ganz im Süden von Franken wohnen, brauchen zu des Brauers Rede nur ein »n« hinzuzufügen, um auf eine junge Ein-Mann-Craft-Beer-Brauerei zu verweisen, die weiß, wie ein zünftig gutes Bayrisch-Blondes geht: »Jaja, ich kenn meinen Pappenheimer!«

Denn unter dem Label »Pappenheimer« kreiert Bernhard Hecht nicht nur geniale Exoten wie das »Amberella«, das im Tank fünf Wochen lang mit einem australischen Aromahopfen nachgewürzt wird und dadurch schmeckt, als säße man nicht am, sondern in einem opulenten Früchte-Büfett. Die Hechtbräu spielt auch bei ihren anderen Sorten gekonnt auf der Klaviatur der grünen Dolden. Ihr Helles, das leicht honiggelbe »Pappenheimer Landbier«, hat im Antrunk eine feine Süße, zu der sich eine fast schon verspielt fruchtige Hopfigkeit hinzugesellt. Es schmeckt im besten Sinne des Wortes hausgebraut und zeigt, was ein helles Lagerbier so alles an Aromen ausspielen könnte, wenn man es nur ließe. Im Vergleich mit den Pendants der Münchner Großbrauereien hat man pure Lebensenergie im Glas. Die Treuchtlinger Wallmüllerstuben erkannten in ihm ein flüssiges Adäquat zu ihrer fränkischen und spanischen Küche und haben es unlängst als erstes Restaurant auf die Karte genommen.

Adresse Hechtbräu, Zimmern 59, 91788 Pappenheim, Tel. 09143/212539, www.hechtbraeu-zimmern.de; Wallmüllerstuben, Hauptstraße 2, 91757 Treuchtlingen, Tel. 09142/975353 | **Bierprofil** helles und dunkles Landbier, Weizen, diverse wechselnde Craft-Beer-Spezialitäten | **Öffnungszeiten** Direktverkauf: Do 16–19 Uhr; Stand auf dem Wochenmarkt in Treuchtlingen: Fr 13.30–18 Uhr; Stand auf dem Wochenmarkt in Weißenburg: Sa 8–12 Uhr; Wallmüllerstuben: täglich 11.30–15 und ab 18 Uhr | **Tipp** Wie jede größere fränkische Traditionsbrauerei hat auch die nur etwas weiter im Norden ansässige Pyraser ein helles Landbier im Sortiment. Unter dem Label »Herzblut« braut sie ebenfalls exzentrisches Craft Beer.

41__Altfränkisches Bauernbier

Handy-Empfang ist nicht alles

Die weltweit unerreichte Brauereidichte der Fränkischen Schweiz ist ganz nebenbei auch dazu geeignet, Skills zu trainieren, die auf dem Schlachtfeld des Berufsalltags überlebenswichtig sind: Willensstärke und Disziplin.

Denn wer ohne Plan in das Paradies hineinfährt, läuft Gefahr, schon nach wenigen Kilometern im ersten von Hunderten lauschiger Biergärten hängen zu bleiben. Die Anzahl der Ausflügler, die es noch nie geschafft haben, in Dörfer wie Oberailsfeld vorzudringen, soll in die Tausende gehen.

Dabei ist der kleine Ort im Landkreis Bayreuth, der zur Gemeinde Ahorntal gehört, ganz unbedingt einen Abstecher wert. Beziehungsweise seine 1680 gegründete Brauerei, die »Helden wie dich und mich« mit feinen Flüssigkeiten und rustikalen Brotzeiten kräftigt. So steht es auf den Bierflaschen, den Speisekarten und den Bierlastern. Ein »Held« ziert auch das Logo der Brauerei: ein stolzer Ritter mit erhobenem Schwert und dem Wappenvogel der nahen Burg Rabenstein auf dem Schild. Sein Design dürfte vor 50 Jahren topmodern gewesen sein. Auch die Telefonnummer stammt aus einer anderen Epoche: Sie ist gerade einmal drei Ziffern lang.

Überhaupt ist die Like-and-Share-Autobahn beim Held Bräu wunderbar entschleunigt. Im Tal des behäbig dahinfließenden Ailsbachs hat nicht jedes Smartphone Empfang. Perfekt, denn so kann man sich auf das Wesentliche konzentrieren: das süffige Bier. Das mildwürzige Helle gefällt auf Anhieb, das Weizen sowieso. Aber der heimliche Star ist das dunkelrote »Altfränkische Bauernbier«. Der Trunk rinnt weich und angenehm süßlich, legt Karamell- und Mokkaaromen auf die Zunge, um sich beim Schlucken mit einer exakt auf den malzigen Körper des Biers abgestimmten Bittere zu verabschieden. Adieu! Auf ein Zweites! 2009 konnte er sich in einem Ranking der Süddeutschen Zeitung unter den 100 besten Bieren der Welt platzieren.

Adresse Held Bräu, Oberailsfeld 19, 95491 Ahorntal, Tel. 09242/295, www.held-braeu.de |
Bierprofil Helles, Altfränkisches Bauernbier (Dunkles), Pils, Weizen, saisonal: zwei Böcke |
Öffnungszeiten Braugasthaus mit Biergarten: täglich außer Mi ab 10 Uhr | **Tipp** Knapp zehn
Kilometer nordöstlich findet man in Breitenlesau ein weiteres Juwel, die Brauerei Krug.

42__Bio-Kellerbier

Trinken gegen den Klimawandel

Der Bierstil Kellerbier ist der Klassiker unter den typisch fränkischen Flüssigkeiten und der Verkaufsschlager am Zapfhahn und im Getränkemarkt. Da er im übrigen Deutschland kaum verbreitet ist, aber auch, weil der Franke weit mehr von seinem Liebling trinkt, als er gemeinhin über ihn weiß, hier ein paar sachdienliche Informationen. Ein Kellerbier kann hell oder dunkel sein und einen malzigen, aber auch einen hopfigen Charakter haben. Das Besondere ist, dass es Trübstoffe enthält, die sich beim Maischen und Vergären bilden. Wie viele, ist unterschiedlich. Einige Brauereien filtern einen Teil heraus, um die hefigen Aromen zurückzudrängen und das Erscheinungsbild im Glas dem eines Pils anzunähern. Kellerbiere werden meist aus regionalen Rohstoffen und in Bio-Qualität gebraut, aber nur bei wenigen steht dies auch auf dem Etikett. Die Brauwirtschaft sieht keinen Mehrwert darin, mit teuren Siegeln zu hantieren. Sie ruht sich darauf aus, dass das Reinheitsgebot suggeriert, Bier sei ja per se so rein wie die Natur.

Die Geschichte, wie ausgerechnet die Brauerei Heller dazu gekommen ist, ihr urtypisch rustikales Sortiment um ein Bio-Kellerbier zu erweitern, zeigt, dass man mit dem richtigen Krug in der Hand sogar das Klima schützen kann.

Als man 2015 in Herzogenaurach die Neuauflage des örtlichen Ökofests plante, fragte man sich, wie man den Transportweg des ausgeschenkten Biers verkürzen könne. Bis dahin bezog man das »Classic Bioland« der 40 Kilometer entfernten Klosterbrauerei Weißenohe. »Mit mir« war die Antwort der null Kilometer entfernten lokalen Brauerei. Das bernsteintrübe Bio-Kellerbier, das Braumeister Hans Heller daraufhin reifen ließ, glänzt mit fast schon malzfruchtiger Süße und Karamell- und Trockenfruchtnoten. Es schmeckt fast wie ein Märzen, hat aber nur 5,1 Prozent und freut sich, wenn es im Magen guten Gewissens mit einem Bio-Schäuferla vereint wird.

Adresse Brauerei Heller, Hauptstraße 33, 91074 Herzogenaurach, Tel. 09132/2073 |
Bierprofil Pils, Hell, Export, Schwarzes, Hefe-Weißbier, Zwickl, Bio-Kellerbier, saisonal:
Kirchweihbier, Festmärzen, Weihnachtsfestbier, heller Bock | **Öffnungszeiten** Braugast-
haus: Mo, Mi, Fr 9–13 und ab 16 Uhr, Di, Do 9–13 Uhr, Sa 9–15 Uhr, So 9–12 Uhr;
wichtig zu wissen: die Patina, die die Gaststube und die Stammgäste angesetzt haben, ist
für die einen Kult, für die anderen aber gewöhnungsbedürftig | **Tipp** Die Brauerei Pfister
aus Weigelshofen setzt komplett auf Öko. Ihr helles Vollbier, dunkles Kellerbier und ihr
Weizen entsprechen den Richtlinien von Bioland.

43__ Räucherla

Das Haus der langen Braunächte

Zeit ist Geld. Dieses geflügelte Wort gilt längst auch für die Bierbranche. Eigentlich braucht man für einen Sud – die Brauschritte vom Schroten des Malzes bis zum Abfüllen der gekochten Maische in Gärbehälter – um die sechs Stunden. Hält man ein Brauhaus rund um die Uhr in Betrieb, errechnet sich eine Kapazität von vier Suden. Und jetzt schalten wir auf Turbo um! Mittlerweile werden Anlagen gebaut, die zwölf Durchgänge schaffen. Innerhalb eines ganz normalen Arbeitstages. Zwar hat dann nur noch der Computer den Überblick, aber er wird schon alles richtig machen.

Darüber kann man bei der Brauerei Hennemann in Stublang, einem Dörfchen am Fuß des oberfränkischen Staffelbergs, nur den Kopf schütteln. Der Familienbetrieb ist stolz darauf, dass die Zeit an ihm vorbeigezogen ist. Thomas Henneman arbeitet mit einer Anlage, die seit den 1940er Jahren zuverlässig ihren Dienst verrichtet. Ein Brautag beginnt bei ihm um zehn Uhr abends mit dem Anschüren der Sudpfanne. Sie wird wie zu Großvaters Zeiten mit Holz befeuert. Erst am nächsten Vormittag – zwölf Stunden später – darf die Würze aufs Kühlschiff, eine riesige, offene Metallwanne, um anschließend für viele Wochen im Gär- und Lagerkeller zu reifen. Bereits die Kombination des Holzes für das Kochen der Würze ist eine Wissenschaft. Fichte erhitzt die Melange aus Malz, Wasser und Hopfen schneller, hält die Temperatur aber nicht so konstant wie Buche.

Dass bei dieser Produktionsweise ein sagenhaft feines Rauchbier herauskommt, ist eigentlich selbsterklärend. Aber leider auch, dass das archaisch würzige »Räucherla« nur dann gebraut werden kann, wenn vom Standardbier, dem jederzeit verfügbaren bernsteinfarbenen Lager, noch ordentlich Nachschub im Keller ist. Da das Brauereigasthaus auch wegen seiner bodenständigen Küche eine Empfehlung ist, wird man verzeihen, sollte es beim ersten Besuch nicht auf der Karte stehen.

Adresse Landbrauerei Hennemann, Am Dorfbrunnen 13, 96231 Bad Staffelstein-Stublang, Tel. 09573/96100, www.brauerei-hennemann.de | **Bierprofil** Räucherla, Sepperla (Kellerbier), Lager, Weizen, Pils, Dunkles, saisonal: drei Bockbiere | **Öffnungszeiten** Brauereigasthof (im Sommer mit Biergarten): täglich außer Mo 10–23 Uhr | **Tipp** In Stublang lockt ein paar Häuser weiter auch der Brauereigasthof Dinkel mit selbst gebrautem Bier und Fleisch und Wurst aus eigener Schlachtung.

44__Beck'n Bier

Zwei unzertrennliche Bs

»Heute back ich, morgen brau ich …« Der Wochenplan, den das Rumpelstilzchen um ein Feuer tanzend hinausposaunt, reiht nicht ohne Grund diese zwei Tätigkeiten aneinander. Backen und Brauen, das waren schon immer eng verwandte Gewerke. Man nimmt an, dass die ersten Biere aus Brot entstanden sind, das in Tongefäßen eingeweicht und vergoren wurde. Dass man Bier auch als flüssiges Brot bezeichnet, kommt also nicht von ungefähr.

Im Mittelalter und danach war in Bayreuth die Bierherstellung nicht wie in anderen Städten zunftrechtlich geregelt. Jeder Vollbürger war brauberechtigt und konnte das Kommunbrauhaus nutzen. Vergoren wurde die Würze aber im eigenen Keller – und da hatten die Bäcker einen klaren Vorteil. Denn in ihren Backstuben schwirrten auch in jener Epoche, als man den Prozess der Gärung noch nicht verstand, Hefeorganismen einfach so durch die Luft. Mit dem Effekt, dass die Bayreuther Bäcker erfolgreicher waren. Ihr »Beck'n Bier« schenkten sie gleich in ihren Bäckereien aus. Eine Bayreuther Gewerbestatistik aus dem 19. Jahrhundert weist fünf hauptberufliche Brauer aus – im Vergleich zu 54 brauenden Bäckern.

Die Tradition der »Beck'n Biere« lebt in Büchenbach, einem Ortsteil von Pegnitz im Landkreis Bayreuth, weiter. Das Wappen der Brauerei Herold – zwei Bierkrüge, die mit einer Brezel »verbacken« sind – verkündet, dass hier wie anno dazumal beiden Handwerken gefrönt wird. Hier wird der Sudkessel heute noch mit Holz beheizt. Am Mittwoch und Samstag dann duftet das Wirtshaus nach frisch gebackenem Brot und Weckla. Unbedingt eine Brotzeitplatte bestellen, denn auch die Wurst ist hausgemacht und stammt von selbst großgezogenen Schweinen! Mitnehmen kann man das süffige kupferbraune Beck'n Bier natürlich auch. Die Brau-, Schank- und Backrechte bekam der Familienbetrieb bereits 1568 verliehen. Noch früher ist das sogar in Franken äußerst selten.

Adresse Brauerei und Gasthof Herold, Marktstraße 29, 91257 Pegnitz-Büchenbach, Tel. 09241/3311, www.beckn-bier.de | **Bierprofil** Beck'n Bier, saisonal: Maibock und Weihnachtsbock | **Öffnungszeiten** Gasthof: täglich außer Di ab 9 Uhr; Brauerei-besichtigung auf Anfrage möglich | **Tipp** Vier Mal im Jahr huldigt auch die Bayreuther Konditorei Lang der Tradition des »Beck'n Bier«. Im Mai, Juni, September und Oktober wird im Innenhof jeweils fünf Tage lang bei Livemusik selbst gebrautes Bier ausgeschenkt.

45___Biergut Edition

Wein auf Bier, das rat ich dir

Was wird aus einem fränkischen Buben, der einen Winzer zum Vater hat? Ein Brauer! David Hertl war gerade einmal 16 Jahre alt, als er die aufsehenerregendste Karriere startete, die Bierfranken in jüngster Zeit erlebt hat. In Thüngfeld im Steigerwald betreibt er seit 2012 seine eigene Brauerei. Sie ist ein Solitär unter den fränkischen Sudstätten. Allein ihre Größe spricht Bände. Wirklich kleine Betriebe haben einen Jahresausstoß von 1.000 Hektolitern. Bei ihm sind es gerade einmal 140 Hektoliter.

Thüngfeld liegt dort, wo Bierfranken in Weinfranken übergeht. Dieser Standort und das Wissen des Vaters über Trauben und Öchslegrade spiegeln sich in David Hertls bemerkenswertester Kreation, der »Biergut Edition«. Sie basiert auf der Idee, die Kunst des Winzers mit der Frische und Lebendigkeit eines Gerstensafts zu kreuzen. David Hertl selbst spricht davon, dass er Wein und Bier »verheiratet«. Nehmen wir das »Johanniter Pale Ale« als Beispiel. Hier brachte ihm die »Weinmanufaktur 3 Zeilen« unvergorene Trauben der Sorte Johanniter. David Hertl setzte in seinem Sudkessel ein Pale Ale an, ein obergäriges, säuerlich-fruchtiges Bier belgischen Typs. Im Gärbottich führte er die Maische mit den Trauben zusammen. Er gab Hefe dazu, auf dass sie beides in ein alkoholisches Getränk umwandele. In einer anderen »Biergut Edition« hat er die Traube Domina mit einem britischen Stout zusammengeführt.

Aber auch bei seinen rein malzbasierten Kreationen geht David Hertl ungewohnte Wege. Der fast ausgestorbene deutsche Bierstil Gose, mit Gurken als zusätzliche Zutat gebraut? Ein Starkbier mit Trüffeln? Geht nicht, gibt's nicht.

So viel Kreativität missfällt zwar den Wächtern des Reinheitsgebots – und hat ihm dennoch einen Lehrauftrag eingebracht. An der Berufsschule für Brauer bringt er dem Nachwuchs bei, wie man Biere braut, die nicht erlaubt sind und schon deshalb verboten gut schmecken.

Adresse Braumanufaktur Hertl, Thüngfeld 61, 96132 Schlüsselfeld, Tel. 09552/981028, www.braumanufaktur-hertl.de | **Bierprofil** Ständige Sorten sind ein Kellerbier und ein India Pale Ale. Die Biergut Edition wird regelmäßig fortgeführt, die experimentellen Biersorten wechseln permanent. | **Öffnungszeiten** Die Braumanufaktur Hertl betreibt kein Wirtshaus. Für Gruppen werden Braukurse und Bierseminare angeboten. Und es gibt Termine, die auch Einzelpersonen offenstehen. | **Tipp** David Hertl ist nebenbei auch Braumeister der jungen Bamberger Biermarke St. Erhard, die ursprünglich für den indischen Markt ins Leben gerufen wurde.

46__Export

Am vorletzten Ende des Weges

Eine der schönsten Wanderrouten durch die Fränkische Schweiz, das Erholungsparadies zwischen Nürnberg, Bamberg und Bayreuth, ist der Fünf-Seidla-Steig. Er reiht auf zehn Kilometern Länge fünf Brauereien aneinander – jede eine typische Vertreterin der auf Tradition, Handwerk und Unverwechselbarkeit bedachten regionalen Bierkultur. Der Weg beginnt am Bahnhof des Dörfchens Weißenohe, und wer ihn geht, tut gut daran, strategisch mit seinen Durstreserven hauszuhalten, damit der Gaumen mindestens bis zur vorletzten Station Herr seines Sinnes bleibt.

Denn hinter dem historischen Zentrum des Städtchens Gräfenberg, im Ortsteil Hohenschwärz, bietet ihm die 1897 gegründete und seither von der namensgebenden Familie betriebene Brauerei Hofmann einen Schmaus, der dem geflügelten Wort eines krönenden Abschlusses alle Ehre machen würde, stände nicht noch eine fünfte Sudstätte auf dem Wanderplan. Es ist ein dunkles Export mit 5,2 Prozent Alkohol. »Hofmannstropfen« wird es von den Einheimischen liebevoll genannt, was durchaus auch als Anspielung auf die gleichnamige historische Arznei verstanden werden darf, die gern bei akuter Schwäche verabreicht wurde. Wir ahnen es, der Trunk ist wie dafür gemacht, um den vom langen Weg erschlafften Körper wieder auf Vordermann zu bringen. Schön nachtfarben und mit einem feinen Rotstich kommt er daher und füllt den Mund mit der Aromatik stark gebackener Brotrinde. Gebraut wird er von einer Frau, Elfriede Hofmann, die ihren Sudkessel noch wie anno dazumal mit Holz beheizt.

120 Plätze zum Ausruhen und Genießen umfasst der Biergarten und ist an heißen Sommersonntagen dennoch gern überfüllt. Was freilich auch daran liegen könnte, dass man dort die Zeit vergessen darf. Die Gastgeberin sorgt dafür, dass niemand seinen Zug zurück in die Stadt verpassen wird, und stellt einen kostenlosen Bustransfer zum Bahnhof in Thuisbrunn zur Verfügung.

Adresse Brauerei und Gasthof Hofmann, Hohenschwärz 16, 91322 Gräfenberg, Tel. 09192/251, www.brauerei-hofmann.de | **Bierprofil** Export, naturtrübes Helles, saisonal: Weihnachtsfestbier | **Öffnungszeiten** Braugasthof und Biergarten: Mi–So ab 9.30 Uhr, Mo und Di Ruhetag | **Tipp** Auch um Bad Staffelstein gibt es zahlreiche Bierwanderwege. Wer dort alle zehn Brauereien besucht hat, erhält das Staffelsteiner Bierdiplom.

47_Hofmann Ex

Die glorreichen Sieben

Zu den beliebtesten Ausflugszielen des Aischgrunds zählt mit Sicherheit die dortige Bierstraße. Sieben Sudstätten haben sich zusammengetan, um ihre etwas abseits der großen Besucherströme gelegene Bierregion attraktiver zu machen. Man kann sich unter anderem auf eine ein- oder mehrtägige Erlebnistour begeben, bei der man in der Pferdekutsche von Brauerei zu Brauerei fährt und bei Gerstensäften und Wellness die Seele baumeln lässt.

Aus den sieben – Zwanzger und Prechtel in Uehlfeld, Loscher in Münchsteinach, Kohlenmühle in Neustadt an der Aisch, Windsheimer in Gutenstetten, Hofmann in Pahres und Döbler in Bad Windsheim – eine besonders hervorzuheben fällt schwer. Denn jede hat ihre besonderen Reize, und ihre Biere sind durch die Bank lobenswert. Sobald man sich aber die Auswahl zum Maß macht, ist die Brauerei Hofmann aus Pahres führend. Vorsicht! Ein Besuch ihrer Gaststätte bedeutet immer auch die Qual, sich zwischen Diamant und Rubin entscheiden zu müssen. Denn vom Pils, dem Hopfen Gold, das 2011 mit einer Goldmedaille prämiert wurde, bis hin zum edlen, der britischen Biertradition entlehnten India Pale Ale ist alles zu empfehlen, was die elfte Generation der Familie Hofmann in die Flasche und ins Fass füllt.

Eines der Stöffchen freilich sollte man sich unbedingt auch als Vorrat und Wegzehrung mitnehmen. Das Hofmann Ex, das in der bauchigen 0,33-Liter-Steinie-Flasche auf Durstige wartet, ist ein mildes, malzaromatisches Helles mit einem phantastisch runden Aroma. Braumeister und Biersommelier Georg Hofmann hat bei diesem Trunk noch genauer darauf geachtet, sein weiches Brauwasser mit einer Hopfengabe zu veredeln, die so exakt auf dessen Eigenschaften abgestimmt ist, dass der Kenner mit der Zunge schnalzt. Sensorisch ausgebildeten Profis ist es möglich, herauszuschmecken, dass er mit drei Sorten – Spalter, Hallertauer und Tettnanger – gehopft ist.

Adresse Privatbrauerei Hofmann, Dettendorfer Straße 1, 91468 Pahres, Tel. 09163/99870, www.hofmann-bier.de; Verlauf und Erlebnisangebote der Aischgründer Bierstraße: www.bierstrasse.de | **Bierprofil** Helles Landbier, Pils, Lager, Dunkles, Märzen, Hofmann Ex, Weizen, saisonal: Festbiere, Böcke, India Pale Ale | **Öffnungszeiten** Brauereigaststätte: Do, Fr ab 18 Uhr | **Tipp** Dank Carmen Fiedler, Frankens erstem weiblichen Biersommelier, bekommt man im Landgasthof Fiedler in Oberroßbach bei Dietersheim zu jeder Speise das exakt passende Bier serviert.

48__Vollbier

Streichzart auf der Zunge

Es gibt fränkische Biere, die sind auch in den hippen Großstädten Kult. Wer dort als Gastronom oder Getränkehändler etwas auf sich hält, der organisiert sie sich. Irgendwie. Denn wer sie im Sortiment haben will, muss mit dem eigenen Fahrzeug zum Beispiel von Berlin aus »zum Heiner« reisen, um sich den begehrten Gerstensaft persönlich abzuholen.

Der Heiner, das ist korrekt ausgedrückt die Brauerei Hölzlein im kleinen Ort Lohndorf im Ellertal 13 Kilometer östlich von Bamberg. Nicht nur Inhaber Heinrich Hölzlein empfiehlt, sich bei einem Besuch seines heimeligen Brauereigasthofs seinen Klassiker, das Hölzlein Vollbier, einfach schmecken zu lassen.

Überhaupt ist die Kombination von »einfach« und »schmecken lassen« die Devise des Gasthauses, das seit über 225 Jahren von seiner Familie betrieben wird. Legendär ist dort auch das Schnitzel. Und das, obwohl beide – Schnitzel wie Vollbier – eigentlich »nur« gutbürgerlich sind. Kein Gourmetrustikalitäts-Firlefanz à la »Biertreberschnitzel auf einem Rucola-Bett mit Kartoffeln der Saison«. Alles ganz ungekünstelt – und gerade deshalb ein wahrer Magenglücklichmacher.

Auch der Gerstensaft vom Heiner ist erst einmal »nur« ein helles Lagerbier mit durchschnittlichen 4,7 Prozent Alkohol. Aber er ist so süffig, dass es lohnt, den Durst einer ganzen Woche für ihn aufzusparen. Seine malzige Basis, der feine, grasige Hopfen, die angenehme Herbe – es hat alles, was ein uriges Landbier haben muss. Feine Zungen behaupten, dass sie zudem leichte Butteraromen herausschmecken. Für sie ist das Diacetyl verantwortlich, ein organischer Stoff, den alle Bierhefen während der Vergärung produzieren. In Deutschland achten die Brauer darauf, dass das Diacetyl weiter zu Alkohol verwandelt wird, damit die butterige Nuance im Endprodukt verschwunden ist. Bei tschechischen Bieren aber ist sie erwünscht. Genauso wie beim Hölzlein Vollbier.

Adresse Brauerei Hölzlein, Ellertalstraße 13, 96123 Litzendorf-Lohndorf, Tel. 09505/357, www.brauerei-hoelzlein.de | **Bierprofil** Vollbier, saisonal: Bock, Pils, Dunkles und Rauch-bier | **Öffnungszeiten** täglich ab 15 Uhr, Sa ab 12 Uhr, So und Feiertage ab 10 Uhr, Di Ruhetag | **Tipp** Zwei Dörfer weiter, in Schammelsdorf, hat die Brauerei Knoblach ein sehr leckeres ungespundetes Lager im Ausschank.

49__Posthörnla

Wo's immer steil bergauf geht

Bei der Fränkischen Schweiz von Bergen zu sprechen ist übertrieben. Höhenzüge wäre richtig, durchsetzt mit steilen Felsnadeln. Wenn man allerdings am Ausgang des kleinen Ortes Tiefenellern steht, vermag sie einem dennoch allein durch den Anblick des Bevorstehenden die Puste zu rauben. Hier, wo eine der grausamsten Wortschöpfungen, die sich die Touristiker je haben einfallen lassen, die Fränkische Toskana, abrupt ins vermeintliche Alpenländchen übergeht, schraubt sich die Straße in zehn Kurven nicht weniger als 125 Höhenmeter hinauf. Eine legendäre Bravourstrecke für Radsportler und Motorradfahrer. Selbst der ADAC sah in den 1960ern im Ellerberg die perfekte Herausforderung und führte dort Rennen durch.

Dass im Sommer Kohorten von Pedalrittern und Easy Ridern zum Ellerberg pilgern, liegt freilich auch an der Brauerei Hönig, die sich und ihre Gaststätte »Zur Post« strategisch geschickt an dessen unterem Ende platziert hat. Hauseigenes Bier gibt es dort seit 1478. 1778 übernahm die heutige Brauer- und Wirtsfamilie, und um Kundschaft brauchte sie sich schon damals keine Sorgen zu machen. Bis 1911 war das bodenständige Genussparadies mit seinem von alten Bäumen beschatteten Biergarten eine Poststation. Jede Kutsche musste hier haltmachen und frische Pferde einschirren, um den Ellerberg bezwingen zu können.

Dieser guten alten Zeit frönt man am besten mit einem Seidla Posthörnla, einem ursprünglichen dunklen Lager. Für dieses wird, wie es dereinst gang und gäbe war, auch Rauchmalz verwendet. Es verleiht seinem phantastisch satten Körper eine feinwürzige, rätselhafte und gemütliche Note. Dieses Bier entschleunigt. Man trinkt es, lässt sich von seiner angenehmen Schwere festhalten, vergisst die Zeit und bestellt ein zweites. Und manch einer soll über seinem dritten alle sportlichen Ambitionen ganz vergessen haben und hat den Berg einfach Berg sein lassen.

Adresse Brauerei Hönig, Ellerbergstraße 15, 96123 Litzendorf-Tiefenellern, Tel. 09505/391, www.brauerei-hoenig.de | **Bierprofil** Posthörnla (Dunkles), Pils, Lager, Weizen, saisonal: Festbier und Bock | **Öffnungszeiten** Gasthaus und Biergarten: Mo−Mi ab 15 Uhr, Fr−So ab 10 Uhr, Do Ruhetag. Der Gasthof »Zur Post« pflegt die Tradition des Schlachtschüssel-essens. Aktuelle Termine auf der Website. | **Tipp** Eine weitere beliebte Steilstrecke ist die Würgauer Wand. Die Brauerei Hartmann wartet dort mit dem »Felsentrunk« auf, einem hellen Export mit einem Hauch von Rauchbier-Aromatik.

50__ Vollbier

Das Missverständliche …

Man hat es nicht leicht, wenn man ein Zugereister ist, seinen Wohnort also frisch nach Franken verlegt hat. Denn den Eingeborenen sagt man nicht nur eine große »Maulfaulheit« nach, ihre Kommunikation ist aufs Einsilbige reduziert. Sollte der Franke dann doch einmal sprechen, versteht man ihn obendrein kaum. Weiche Konsonanten und eine nicht geringe Zahl an »Fachtermini« machen Neuankömmlingen das Leben schwer. Was ein »Schnitt«, ein »Seidla«, »Blaue Zipfel« und »Grüne Klöß« sind, lässt sich zwar schnell lernen, aber damit hat man noch nicht mal an der Spitze des Eisbergs gekratzt.

Auch soll es zwischen Bamberg und Bayreuth Legionen von jungen studentischen Aushilfsbedienungen geben, die ernsthaft an ihrem Verstand – oder an dem des Gastes – gezweifelt haben, als sie zum ersten Mal die Bestellung »Ich griech a Oddo!« hörten. Dass man in Franken aus einem harten t ein weiches d macht, wussten sie zwar. Aber keine von ihnen hatte eine Brauerei Otto und auch kein Otto-Bier auf der Karte. Wonach zum Teufel wurde da verlangt? Die Antwort ist einfach, aber nur wenn man es weiß: das Vollbier der Brauerei Hübner aus Steinfeld am Nordrand der Fränkischen Schweiz.

Der Grund für die babylonische Namensverwirrung ist der Name des »alten Bräu«. Otto Hübner führte die Brauerei, zu der ein Gasthof mit Biergarten gehört, bis ins Jahr 2003. Bequem, wie die Franken sind, haben sie das süffige bernsteinfarbene Vollbier einfach für alle Zeit nach ihm benannt: »Otto-Bier«. Und weil die Mischung aus malzigen Tönen und einer feinen Hopfenbittere nicht nur die »Staafelder«, also die Steinfelder, überzeugt, zog das Hübner Vollbier immer weitere Kreise. Bis in die Fachgetränkemärkte von Hamburg und Berlin. Wer dort auf fränkisch geschultes Verkaufspersonal trifft, der wird auch darüber aufgeklärt, wie man »stilecht« das Hübner Vollbier bestellt – als »a Oddo« eben.

Adresse Hübner-Bräu, Steinfeld 69, 96187 Stadelhofen-Steinfeld, Tel. 09207/259, www.huebner-braeu.de | **Bierprofil** Vollbier | **Öffnungszeiten** Brauereigasthof und Biergarten: täglich ab 10 Uhr, Do Ruhetag, Dreikönig bis Ostern Do Taubenmarkt, dann Fr Ruhetag | **Tipp** Vorsicht vor einer Verwechslung! Im wenige Kilometer entfernten Wattendorf gibt es ebenfalls eine Brauerei Hübner mit Gasthaus und Biergarten.

51__Kellerweizen
Oben heilig, unten biergemütlich

Pottenstein ist einer dieser Orte, für die der Begriff Besuchermagnet erfunden worden sein muss. Über der 5.300 Einwohner kleinen, in das tief eingeschnittene Tal der Püttlach eingeklemmten Perle der Fränkischen Schweiz thront eine 1.000-jährige Burg. Dorthin wurde im April 1228 die heilige Elisabeth von Thüringen verschleppt – ihr Onkel, Bischof Eckbert von Bamberg, wollte die junge Witwe, die das Vermögen ihres toten Mannes an die Armen gab, erneut verehelichen. Als Heiratskandidat wird niemand Geringeres als Kaiser Friedrich II. vermutet. Elisabeth wünschte sich dagegen ein Leben im Kloster und lehnte vehement ab. Sie drohte sogar, sich die eigene Nase abzuschneiden.

Unten im Ort lockt eine Augenweide unter den fränkischen Braustätten. In einem 1738 erbauten Fachwerkhaus betreibt die Familie Wiegärtner in der mittlerweile fünften Generation die Brauerei Hufeisen, deren Gasthaus neben ausgesprochen schmackhaften Braten auch einen eigenen Bierbrand auf der Karte stehen hat. Weizenbier-Freunden sei dieser urig heimelige Hort fränkischer Gemütlichkeit, der sein Bier noch nicht lange in Flaschen abfüllt und sich seinen Sudkessel direkt in den Gastraum gebaut hat, damit man Braumeister Peter Wiegärtner auf die Finger sehen kann, besonders ans Herz gelegt.

Denn der lässt in seinen Tanks auch einen Biertyp reifen, der für den Kenner zwar wie ein Paradoxon klingt, diesem aber geschmacklich zugleich als vorbildlich gilt: ein »Kellerweizen«. Hm. »Kellerbier« bezeichnet eigentlich ein unfiltriertes Lager ... und ein »Hefe« ist generell unfiltriert. Will uns der Name vor keller-modrigen Aromen warnen? Im Gegenteil! Peter Wiegärtner braut ein wunderbar honighelles Weizen, das Zunge und Gaumen mit einem samtigen Körper, lieblich-fruchtigen Bananenaromen und einer ordentlichen Würze umschmeichelt. Etwas, das es in dieser Qualität in Franken nur ganz selten gibt.

Adresse Brauerei und Gasthaus Hufeisen, Hauptstraße 36–38, 91278 Pottenstein, Tel. 09243/260, www.brauerei-hufeisen.de | **Bierprofil** Kellerweizen, Bio-Dunkles, Pils | **Öffnungszeiten** Fr ab 17 Uhr, Sa und So ab 11.30 Uhr, Mo–Do Ruhetag | **Tipp** Mit der 1774 gegründeten Brauerei Mager bietet Pottenstein eine zweite Braustätte mit Gasthaus. Ihr Bier ist in den alternativen Künstlerkreisen von Nürnberg Kult.

52___Räucherator

Vom Papst genehmigt

Es ist schon ein Kreuz mit der Fastenzeit. Am Faschingsdienstag hat man noch süße Krapfen geschlemmt – und tags darauf ahnt der Magen, dass er so leer bleiben wird, wie es das Bankkonto am Monatsende ist. Wie gut, dass die fränkische Tradition und die katholische Kirche erlauben, sich mit gehaltvollen Fastenböcken über die asketischen Wochen bis Ostern hinwegzuhelfen. Denn wie sagt eine alte Mönchsregel: Liquidum non frangit ieiunium – Flüssiges bricht Fasten nicht. In dieser Zeit ist der 8,1 Prozent Alkohol starke Räucherator der Brauerei Hummel so etwas wie eine Hauptmahlzeit: Wo sie auf den Tisch kommt, kann man sich sicher sein, die 40 Tage sündenfrei zu meistern.

Weil der Genuss eines solchen dunklen Rauchbierbocks seit alters die Fastenzeit in Franken zur angenehmsten Zeit des Jahres macht, wollten sich die Mönche dereinst ihrer Tugendhaftigkeit versichert wissen. Sie schickten ein Fass zur Prüfung nach Rom. Dem Papst, an edle Weine gewöhnt, schmeckte er so grauenhaft, dass er ihn seinen Mitbrüdern nördlich der Alpen gern als besonders strenge Form der Selbstkasteiung erlaubte.

Wie der Name schon andeutet, wird der Räucherator mit archaischem Rauchmalz gebraut. Das dunkelbraune Starkbier mit seinem eleganten Rotstich riecht satt nach Qualm und im Kamin gereiftem Schinken. Ungeübte Gaumen müssen deshalb zunächst ein erstes Seidla lang eingewöhnt werden. Ab dem zweiten aber ist jeder im Chor der Massen dabei, die eine Verlängerung der Fastenzeit auf 365 Tage im Jahr fordern. Angestochen wird am Aschermittwoch, und am Ostersonntag ist alles vorbei. Dann kehren im Gasthaus der Brauerei Hummel in Merkendorf bei Bamberg wieder weltliche Verhältnisse ein. Der etwas schwächere helle Maibock übernimmt. Im Sommer, in dem die Städter den Bierkeller stürmen, ist dann Starkbierpause. Bis Anfang November, wenn die Saison mit dem dunklen Bock und dem Leonardi Bock aufs Neue beginnt.

Adresse Brauerei Hummel, Lindenstraße 9, 96117 Memmelsdorf-Merkendorf, Tel. 09542/1247, www.brauerei-hummel.de | **Bierprofil** Kellerbier, Pils, Märzen, zwei Rauchbiere, Dunkles, helles und dunkles Weizen, saisonal: Zwickel, Festbiere und Böcke | **Öffnungszeiten** Brauereigasthof: Mo, Mi–Sa ab 9 Uhr, So und Feiertage 10–12 und ab 17 Uhr, Di Ruhetag; Bierkeller in Merkendorf: Mai–Aug. bei schönem Wetter Mo, Di, Do und Fr ab 17 Uhr, So und Feiertage ab 15 Uhr, Mi und Sa Ruhetag | **Tipp** Wer nach der zehrenden Fastenzeit ordentlich zuschlagen will: Im Gasthof der Brauerei Hoh in Scheßlitz gilt noch die goldene Regel, dass eine riesige Portion Fleisch den Gast glücklich macht, Salat ihn aber beleidigt. Empfehlung: das Pfefferhähnchen.

53_ Kaiser Pils

Siebenfach gesegnet

Wanderer, kommst du nach Grasmannsdorf, so musst du zwar nicht über sieben Brücken gehen. Aber auf dem Weg zum Bier an sieben Brückenheiligen vorbei. Während normalerweise an Flussübergängen in Franken höchstens der St. Nepomuk für den unfallfreien Übergang sorgt, haben die Gläubigen ihm hier noch Kilian, Nikolaus, Wolfgang, Otto, Heinrich und Vitus zur Seite gestellt. Sicher ist sicher! Seit alters musste jeder, der von Bamberg nach Würzburg reisen wollte, dort das Flüsschen Ebrach queren und dafür an einer geschnitzten Statue mit Opferstock Zoll entrichten. Nach dem Dreißigjährigen Krieg leistete man sich dann die noch heute eindrucksvolle Steinbrücke und im 18. Jahrhundert die Schar an Schutzpatronen.

Zur gleichen Zeit ließ der Bamberger Hofrat Franz Josef von Heinrichen auch ein neues Schloss errichten – und dazu das heutige Grasmannsdorfer Brauhaus. Als dieses 1925 an die heutige Besitzerfamilie verkauft wurde, erlebte es zumindest dem Namen nach einen sagenhaften Aufstieg. Seither brauen dort die Kaiser höchstpersönlich. Der heutige Inhaber und Braumeister Georg Kaiser hat die Sudstätte und das Gasthaus mit seinem von einer alten Kastanie beschatteten Biergarten sanft modernisiert und auch dem Sortiment einen leicht neuen Anstrich gegeben, ohne das Bewährte zu verändern.

Flaggschiff des 3.000 Hektoliter Jahresausstoß kleinen Handwerksbetriebs ist ein Pils, das die Bierliebhaber wegen seiner unvergleichlichen Süffigkeit magnetisch in den 250 Einwohner kleinen Ort zieht. Selbst in Franken kaum noch üblich: Nach dem »aufwühlenden« Kochvorgang darf es auf einem Kühlschiff, einer flachen, offenen Wanne gleich unter dem Brauereidach, in aller Ruhe herunterkühlen, bevor es für vier bis sechs Wochen ein paar Stockwerke tiefer im Gär- und Lagerkeller verschwindet. Der Trunk dankt den Mut zur Langsamkeit mit einer schier unendlichen Bekömmlichkeit.

Adresse Brauerei Kaiser, Grasmannsdorf 9, 96138 Burgebrach-Grasmannsdorf, Tel. 09546/390, www.brauerei-kaiser.de | **Bierprofil** Pils, Weißbier, Urtrunk 1783 (Lager), saisonal: Festbier, Festweizen, Bockbier | **Öffnungszeiten** Braugaststätte mit Biergarten: Di–Fr 10–22 Uhr, Sa 10–18 Uhr, So 10–12 und ab 15 Uhr (Nov.–März ab 16 Uhr), Mo Ruhetag, Brauereiführung für Gruppen auf Voranmeldung | **Tipp** Im zehn Kilometer entfernten Zettmannsdorf wartet ein absoluter Geheimtipp. Die Brauerei Seelmann hat keine regulären Öffnungszeiten und besteht auf einer Voranmeldung.

54_Heckenhofer Bier

Ein Herz für Biker

An den Wochenenden scheinen die engen und kurvenreichen Landstraßen der Fränkischen Schweiz den Motorrädern zu gehören. Und alle machen sie eine Ausfahrt. Wenn sich die Tankfüllung dann ihrem Ende zuneigt, werden sie und ihre Zweibeiner magisch von einer Legende unter den fränkischen Biergärten angezogen. Sie sammeln sich bei der Kathi Bräu in Heckenhof, einem Ortsteil von Aufseß. Und das, obwohl dort einige Monate im Jahr nur eine einzige Sorte im Ausschank ist: ein dunkles Lager.

Seit wie vielen Jahrhunderten in dem nur gut 40 Einwohner zählenden Ort gebraut wird, lässt sich heute nicht mehr sagen. Das Wirtshaus der Kathi Bräu wurde bereits 1498 errichtet, sein Bau dürfte im Zusammenhang mit dem örtlichen Schloss stehen, das mit Bier versorgt sein wollte. Bis 1993 waren Sudhaus und Gaststätte das Reich der legendären Wirtin Kathi Meyer, die jeden, der mit einem Zweirad bei ihr vorfuhr, sofort in ihr Herz schloss. So wurde die Brauerei in den 1970ern zum Treffpunkt der Motorradfahrer aus Franken und weit darüber hinaus. Auch heute gleicht der Parkplatz an schönen Tagen einer riesigen Motorradmesse. Die ebenfalls zahlreichen Fahrräder wirken wie Schafe, die in eine Herde Mustangs geraten sind.

Seit dem Tod von Kathi Meyer kümmert sich ihr Braumeister Josef Schmitt in ihrem Sinn um das Wohl der Gäste. Und um das süffige dunkle Heckenhofer Bier. An dessen dunkelmalzigem und urigem Charakter hat er nichts verändert. Man übertreibt sicher nicht, wenn man sagt, dass dieser Trunk die Seele der Fränkischen Schweiz ist. Neu ist nur, dass es das dunkle Heckenhofer Bier jetzt auch zum Mitnehmen in Flaschen gibt. Und, dass im Sommer der ganz große Durst auch mit einem alkoholarmen Leichtbier gestillt werden kann. Bei der Kathi Bräu wird eben alles dafür getan, dass die Motorradritter wiederkommen. Aber dafür dürfen sie ihren Führerschein nicht verlieren.

Adresse Kathi Bräu Heckenhof, Heckenhof 1, 91347 Aufseß, Tel. 09198/277 | **Bierprofil** Heckenhofer Bier (dunkles Lager), saisonal: Leichtbier, Bock | **Öffnungszeiten** Braugasthaus mit Biergarten: täglich ab 9 Uhr | **Tipp** Die Gemeinde Aufseß bietet mit vier Brauereien auf 1.300 Einwohner die größte Brauereidichte der Welt: Rothenbach im Hauptort Aufseß, Reichold in Hochstahl, Stadter in Sachsendorf und Kathi Bräu in Heckenhof. Alle vier verbindet ein 13 Kilometer langer Brauereirundwanderweg.

55_Herren Pils

Der herbe Solitär

Wenn Bierfreunde über ihre Bamberger Lieblinge diskutieren, kommen sie selten auf einen Nenner. Bei elf Braustätten in der Stadt und nahezu 100 Landbrauereien darum herum besteht keine Gefahr, dass wie damals in der Schule alle für dieselbe schwärmen. Jeder darf sich fühlen, als würde sein auserwähltes Zwickel, Dunkles oder sein liebster Bock einzig über seine Lippen fließen wollen. Nur beim Pils, da stürzen sich alle auf nur eine herbe und geschmeidige Blondine. Bei dieser Sorte ist man sich einig: das Beste ist das Herren Pils der Brauerei Keesmann.

Der schmucke historische Braugasthof Keesmann mit seiner holzvertäfelten Gaststube und seinem intim abgeschotteten Innenhof-Biergarten ist ein Hort der fränkischen Biertradition. Auch heute wird es dort als ganz normal empfunden, wenn man sich ein Bier, das man sich für zu Hause holt, in einen Krug zapfen lässt, den man selbst mitgebracht hat. Zusammen mit der Mahr's Bräu und der 1888 errichteten Kirche Maria Hilf bildet das mit markanten grünen Fensterläden dekorierte Sandsteinhaus das Herz der Wunderburg, eines abseits der Altstadt gelegenen Viertels mit dem Charme eines Dorfes mitten in der Stadt.

Geschmacklich ist das Herren Pils ein Solitär im fränkischen Bierkosmos, ja sogar ein Fremdkörper. Im Gegensatz zum typischen Kellerbier ist es stark gehopft. Es liegt nicht gemütlich auf der Zunge herum. Es treibt die Speicheldrüsen zur Arbeit an.

Im Vergleich mit den norddeutschen Pendants ist die Bittere freilich so filigran in den Malzkörper eingewoben, dass sie von den Franken nicht als aufdringlich empfunden wird. Auch deshalb ist das staubtrockene Blonde so beliebt, dass es über 90 Prozent der Produktion von Keesmann ausmacht.

Getrunken wird es aus dem 0,5 Liter fassenden, bauchigen Willi-Becher und nicht aus der Tulpe, die der Franke als »Preußenseidla« oder »Fruchtzwerg« verspottet.

Adresse Brauerei Keesmann, Wunderburg 5, 96050 Bamberg, Tel. 0951/9819810, www.keesmann-braeu.de | **Bierprofil** Herren Pils, Helles, Sternla (Spezial), Weizen, saisonal: zwei Böcke | **Öffnungszeiten** Braugasthof mit Biergarten: Mo–Fr 10–23 Uhr, Sa 9.30–15 Uhr, So Ruhetag | **Tipp** Immer am dritten Sonntag im Juli wird um die Brauereien Keesmann und Mahr's herum die »Wunnerburcher Kärwa« gefeiert, ein Stadtteilfest, bei dem ihr Bier im Mittelpunkt steht.

56__Dunkles Klosterbier
Braun wie die Kutten der Mönche

Franken ist durch die Höhenzüge des (Achtung: Fachterminus) Südwestdeutschen Schichtstufenlandes und der Deutschen Mittelgebirgsschwelle geprägt. Vom Fichtelgebirge und der Rhön bis zur Weißenburger Alb tief in Frankens Süden beherrschen Berge und Burgen das Bild. Und natürlich auch Kapellen, Kirchlein und Klöster, die die vielen heiligen Berge krönen.

Wer Franken kennen will, muss auf die Ehrenbürg gewandert sein, im Volksmund »Walberla« genannt. Und auf den Staffelberg, der Viktor von Scheffel zu seinem berühmten Frankenlied inspirierte. Am heiligsten ist aber zweifelsohne der 927 Meter hohe Kreuzberg in der Rhön.

Die früher Asenberg genannte Erhebung war wohl schon für die Kelten ein Kultplatz. Mit der Missionierung der Franken durch den heiligen Kilian im siebten Jahrhundert wurde sie zum Symbol des Christentums. Seinen neuen Namen erhielt der Berg durch die immer wieder erneuerten Wallfahrerkreuze, seit 1710 zieht eine barocke Kreuzigungsgruppe Massen an Pilgern an – eine halbe Million pro Jahr.

Um sie alle zu beherbergen und zu verköstigen, gründeten Franziskaner in der Mitte des 17. Jahrhunderts ein Kloster, das 1731 eine eigene Klosterbrauerei erhielt. Seither wird dort unter der Regie der Franziskaner das süffige dunkle Klosterbier gebraut, auch wenn statt der Mönche mittlerweile ein weltlicher Braumeister am Sudkessel steht. Braun wie die Kutten der Ordensbrüder ist der dunkle Trunk. Dass er wenig Schaum bildet, ist typisch für ein fränkisches Kellerbier, ebenso, dass er unfiltriert ist. Und er schmeckt tatsächlich ein wenig wie flüssiges Brot, schlichter als andere Dunkle, aber nicht weniger reizvoll. Wer es auf der Terrasse in der Sonne sitzend genießt, der hat die Strapazen des Aufstiegs zum Gipfelkloster und zu den berühmten Kreuzen schnell vergessen. Aber wie sagt man in Franken? Gottes Wort dringt an jeden Ort.

Adresse Klosterbrauerei Kreuzberg, Kreuzberg 2, 97653 Bischofsheim / Rhön, Tel. 09772/91240, www.kreuzbergbier.de | **Bierprofil** Klosterbier Dunkel, saisonal: Pils, Weizen, dunkler Bock | **Öffnungszeiten** Braugasthaus mit Biergarten: Mo–So 8–20 Uhr | **Tipp** Auf dem Kreuzberg betreibt die Karmeliter Bräu aus Salz bei Bad Neustadt einen weiteren Biergarten.

57__EKU 28

Die Mutprobe aus den 1990ern

Es gibt viele Geschichten über die Bierstadt Kulmbach zu erzählen. Zum Beispiel über das Auf und Ab zweier Lokalrivalen: 1846 wurde die Reichelbräu als Zusammenschluss brauberechtigter Bürger gegründet. 1872 folgte die Erste Kulmbacher Actien-Exportbierbrauerei EKU. Beide gediehen prächtig und wurden vor allem im Export erfolgreich. Bier von EKU lief in den 1930er Jahren sogar in den USA die Kehlen hinunter, und in den 1980ern gehörte man zum zweitgrößten deutschen Braukonzern. Dann gewann die Reichelbräu die Oberhand. 1996 verleibte sie sich den Rivalen ein und fusionierte mit weiteren lokalen Brauereien zur Kulmbacher Brauerei AG. Überlebt hat bei EKU nur die Marke. Und mit ihr ein Kultbier der 1990er Jahre.

Mit elf Prozent Alkohol war das »EKU 28« damals das stärkste Bier der Welt. Keine Bar, die es nicht auf der Karte hatte. Sein Name flößte einer ganzen Generation Respekt und auch ein wenig Angst ein. Denn damals wurde ein Junge zum Mann, wenn er ein Fläschchen »EKU 28« zu trinken vermochte, ohne ins Delirium zu kippen. Jede Zeit hat ihre eigenen Initiationsriten ... Wer es wagte, war viel zu aufgeregt, um herauszuschmecken, dass es sich gar nicht um einen extraterrestrischen Zaubertrank handelte, sondern um einen traditionellen, maximal starken bernsteinfarbenen Bock mit einem wuchtigen Malzaroma und einer intensiven Süße, die durch eine großzügige Gabe an Bitterhopfen solide ausbalanciert und mit Trockenfrucht-Nuancen dekoriert ist.

Dies zu verschweigen war ein kluger Marketing-Schachzug. Es machte das »EKU 28«, das ursprünglich »Kulminator Urtyp Hell« hieß, zur Legende. Wer es einmal probiert hat, vergisst es nicht wieder. Denn es ist einzigartig. Als es 2013 bei der Deutschen Biersommelier-Meisterschaft in der alles entscheidenden Runde galt, ein Starkbier zu erschmecken, holte sich Dominik Maldoner mit der Aussage den Titel: »Das kann nur EKU 28 sein!«

Adresse Kulmbacher Brauerei AG, Lichtenfelser Straße 9, 95326 Kulmbach, Tel. 09221/7050, www.kulmbacher.de | **Bierprofil** EKU 28, EKU Pils, EKU Hell, EKU Export, EKU Festbier | **Tipp** Die Kulmbacher Bierwoche am letzten Wochenende im Juli: 100.000 Besucher verwandeln die Stadt in einen riesigen Biergarten. Ein besonderes Highlight ist der »Tag der (Brauerei-)Fanclubs« (Sonntag), bei dem die schönsten Standarten und die Cliquen mit der weitesten Anreise prämiert werden. Ganz unfränkisch gibt es auch ein Maßkrugstemmen.

58__Kulmbacher Eisbock

Das leckere Missgeschick

Ein Hoch auf die Schludrigkeit von Lehrlingen! Etliche kulinarische Spezialitäten hat ihnen die Welt zu verdanken. Die Crêpes Suzette zum Beispiel. In ihrem Fall stieß der 14-jährige Henri Charpentier am 31. Januar 1896 eine Flasche Orangenlikör so unglücklich um, dass das Dessert des Kronprinzen von England vor dessen Augen unabsichtlich flambiert wurde. Leider nicht überliefert ist, wie der Bursche hieß, der in etwa zeitgleich durch Zufall – oder besser gesagt: durch Faulheit – die Starkbierspezialität Eisbock erfand. Man hatte ihm aufgetragen, abends noch die vollen Bierfässer wegzuräumen, die im Hof der Kulmbacher Reichelbräu herumstanden. Doch am nächsten Morgen waren sie immer noch am selben Platz. Die Nacht musste klirrend kalt gewesen sein. Denn beim Versuch, den Inhalt zu retten, entpuppte sich dieser als zu Eis erstarrt. Aber im Kern des weißen Blocks fand sich ein kleiner Rest Flüssigkeit. Ein himmlisch köstliches Tröpfchen!

Seither friert die Brauerei, die 1996 in Kulmbacher AG umfirmierte und heute einer der größten Bierkonzerne Bayerns ist, mit voller Absicht Fässer ein. Gefüllt sind sie mit Bockbier. Das Konzentrat, das dann traditionell zur Fastenzeit in 0,33-Liter-Fläschchen an die Getränkeläden ausgeliefert wird, hat stramme 20 Prozent Alkohol.

Getrunken wird der Eisbock wie ein Likör: als Aperitif oder als Verdauungshilfe nach dem Essen. Kenner empfehlen die legendäre Kulmbacher Version vor allem für den ersten Kontakt mit diesem ölig zähflüssigen Bierstil, der nur wenig mit dem gemein hat, was man sich im Alltag ins Glas füllt, und der sicher auch nicht jedermanns Sache ist. Denn der Kulmbacher Eisbock ist mit einem Preis von unter zwei Euro so günstig, dass man sich fragt, wie die das machen. Für die Feinschmecker-Varianten der beiden anderen fränkischen Erzeuger, Schorschbräu und Brauhaus Faust, muss man um einiges tiefer in die Tasche greifen.

Adresse Kulmbacher Brauerei AG, Lichtenfelser Straße 9, 95326 Kulmbach, Tel. 09221/7050, www.kulmbacher.de | **Bierprofil** Beliebteste Sorte der Marke Kulmbacher ist das Edelherb (Pils). Zum Konzern gehören unter anderem die Kulmbacher Brauerei Mönchshof, die Marke EKU und die Weißbiermarke Kapuziner mit insgesamt 30 Biersorten. | **Tipp** Unter ihrer Marke Mönchshof betreibt die Kulmbacher Brauerei AG in Kulmbach ein Biermuseum, an das ein Schau-Sudhaus angeschlossen ist. Für Gruppen werden dort auch Bierseminare angeboten.

59_Bernstein

Handwerksbier für alle

»Die heimliche Hauptstadt des Bieres« nennt sich Kulmbach selbst-
bewusst – und verweist darauf, dass so altehrwürdige und weltweit
begehrte Biere wie Mönchshof, EKU oder eben das Kulmbacher
von dort stammen. Seit 1996 sind diese Marken sowie etliche weitere aus ganz Ober- und Unterfranken unter dem Dach der Kulmbacher Brauerei AG vereint. Betriebswirtschaftlich mag dieser Zusammenschluss nicht zu unterschätzende Vorteile gebracht haben,
aber er kam nicht bei allen Bewohnern der Stadt gut an.

Und so machten sich bereits Anfang der 1990er Jahre, als die
Übernahmeschlacht auf dem deutschen Biermarkt noch auf Hoch-
touren lief, Liebhaber des handwerklich gekochten und gereiften
Trunks daran, dort die alte Tradition der Kommunbrauhäuser wieder
aufzunehmen und ihre eigene kleine Brauerei zu gründen. Eine Bier-
pilgerstätte von den Bürgern für die Bürger sollte es sein. Weshalb zur
Finanzierung Genossenschaftsanteilsscheine ausgegeben wurden, die
400 Bürger mit einem Schlag zu Brauereieignern machten. Mit ihrer Lage im Schatten der Plassenburg, ihrem urigen Charme und
ihrem Sudhaus mitten in der Gaststube ist die Kulmbacher Kommunbräu, die das Maischen, Läutern et cetera selbstredend der ge-
schulten Hand eines Meisters überlässt, längst über die Grenzen der
Stadt und des Landkreises hinaus bekannt.

Nicht unwesentlichen Anteil daran hat das phänomenal süffige Bernstein, das man in der Braugaststätte frisch vom Fass und
zu Hause aus rustikalen Literflaschen mit Bügelverschluss genießen
kann. Es wirkt leichter und spritziger als die meisten anderen Kellerbiere, ist trotzdem malzig und geizt nicht mit den für diesen Biertyp
klassischen Karamell- und Brotaromen.

Wer es lieber hopfig mag, dem sei das ebenfalls unfiltrierte, na-
turbelassene Helle empfohlen, das durch eine fein-blumige Aromatik besticht. Zur typisch fränkischen Brotzeit in der Kommunbräu
passen beide.

Adresse Kommunbräu Kulmbach, Grünwehr 17, 95326 Kulmbach, Tel. 09221/84490, www.kommunbraeu.de | **Bierprofil** Bernstein (Kellerbier), Helles, jeden Monat ein anderes Spezialbier | **Öffnungszeiten** Braugasthaus mit Biergarten: Mo−So 10 Uhr bis nach Mitternacht; Brauereiführung für Gruppen auf Anfrage | **Tipp** Auch in Seßlach, einem mittelalterlichen Bilderbuchstädtchen, gibt es einen sehr empfehlenswerten Kommunbräu.

60___Weizenbock
Mit Preisen überhäuft

Auf den ersten Blick erscheint die Brauerei Kundmüller aus Weiher wie eine unter vielen: uriges Gasthaus, großer Biergarten, das Fleisch, die Wurst, das Brot und auch die Brände und Liköre stammen noch aus eigener Produktion.

Aber mit dieser Würdigung allein würde man den Brüdern Roland und Oswald Kundmüller nicht gerecht. Aus gutem Grund steht ihre 1835 aus einer Weinmosterei hervorgegangene Sudstätte bei Bierliebhabern aus aller Welt ganz oben auf der Reiseliste. Denn nur wenigen anderen ist es gelungen, beim internationalen Qualitätswettbewerb European Beer Star Award noch öfter das Siegertreppchen zu erklimmen.

Es sind die kleinen Tricks und Kniffe, die i-Tüpfelchen aus dem großen Alphabet der Braukunst, die zum Beispiel dem Weizenbock eine Medaille beschert haben. Bei ihm macht der hochsensible Umgang mit dem Gewürz des Bieres, dem Hopfen, jenen feinen Unterschied, der eine Gaumenfreude zu einer Genusssensation erhebt. Die Kundmüllers spendieren ihrer Version nicht nur mehr davon. Sie stopfen sie – was ins Verständliche übersetzt bedeutet: Während das Jungbier im Keller reift, hängen sie mit Hopfen gefüllte Säckchen in den Tank, um den sämig fruchtigen Charakter, den ein Weizenbock immer mitbringt, im Nuancenbereich auszubalancieren und zu intensivieren. Insgesamt kommen fünf Sorten zum Einsatz. Ihre ätherischen Öle vereinen sich mit den Fruchtaromen, die die Hefe beim Vergären eingebracht hat. Vom ersten Schluck an fühlt man sich, als hätte man das Ideal einer Obsthandlung betreten – nur das Frischeste, das vornehm ineinanderduftet, von diesem aber so viele Sorten, dass die Frage, wo der Genuss denn seine Heimat hat, endlich eine Antwort findet.

Mit diesem Bier hätten die Kundmüllers in die teuren Sphären der Edelgastronomie hinfortschweben können. Aber in Weiher ist man bodenständig geblieben. Typisch fränkisch eben.

Adresse Brauerei und Gasthof Kundmüller, Weiher 13, 96191 Viereth-Trunstadt, Tel. 09503/4338, www.kundmueller.de | **Bierprofil** Weizenbock, zwei Lager, Weizen, Pils, Landbier, Kellerpils, Kellerbier, Rauchbier, Urstöffla (Dunkles), saisonal: mehrere Böcke, diverse Gourmet-Raritäten | **Öffnungszeiten** Gasthaus mit Biergarten: täglich außer Mi ab 9 Uhr | **Tipp** Im benachbarten Viereth lädt die dortige Brauerei Mainlust in ein romantisches Fachwerkgasthaus.

61 Erotikbier

Der Dichter, der Sex und der Papst

»Wer kein Bier hat, hat nichts zu trinken.« Von wem stammt dieses Zitat? Martin Luther! Kaum ein großer Staatsmann oder Dichter, der sich nicht mindestens einmal öffentlich als Liebhaber gehopfter Gerstensäfte geoutet hätte. Ihr allergrößter Fan war der fränkische Poet Jean Paul, ein Zeitgenosse Goethes. Seine Bier-Eskapaden sind Legende. Fluchtartig zog er aus Coburg weg, weil ihm der dortige Trunk nicht schmeckte. Schon früh am Morgen kippte er seinen ersten Krug, damit ihm das Schreiben flüssig von der Hand ging. »Herbsttrost«, »Magen-Balsam«, »Heilmittel«, »Gehirnkitzel« und »vorletzte Ölung« sind als Kosenamen für sein Allerliebstes überliefert.

Jean-Paul-Fan Jürgen Hopf, Chef der 1853 gegründeten Lang-Bräu, ist ebenfalls ein Exzentriker wie aus dem Bilderbuch. Er hat für eine seiner Kreationen das Synonym »Spritziger Liebesnektar« geprägt. In Schönbrunn bei Wunsiedel – in Jean Pauls geliebtem Fichtelgebirge – braut er ein Erotikbier. Das 5,5 Prozent Alkohol starke Export ist der weltweit einzige Gerstensaft, so das Versprechen von Jürgen Hopf, der den Hormonhaushalt des Mannes auf Lust programmiert und ihm die Kraft gibt, sie und sich in das Himmelreich des Orgasmus hochzuschießen. Als »Bier der Nacht« wird es auch bezeichnet. Und nachts soll es auch entstehen. Zu einer Tageszeit, zu der niemand sehen kann, dass der Bräu sich nackig auszieht, bevor er zu Hopfen und Malz greift. Wegen der Hygiene schnallt er sich dann doch zumindest eine Lederschürze um. Ob der Schönbrunner Liebesnektar auch etwas für den großen Jean Paul gewesen wäre? Wer weiß! Verehrerinnen hatte der umschwärmte Star der Literaturszene auch so schon mehr als genug.

Wer ob der Wirkung des Erotikbiers um sein Seelenheil fürchtet, für den hat die Lang-Bräu übrigens ein »Papst-Benedikt-XVI.-Bier« parat. Manch einer sagt, durch dessen Genuss würden alle Sünden vergeben.

Adresse Lang-Bräu, Bayreuther Straße 19, 95632 Wunsiedel-Schönbrunn, Tel. 09232/2197, www.lang-braeu.de | **Bierprofil** Erotikbier, Benedikt XVI, helles, dunkles und alkohol-reduziertes Weizen, Pils, Helles, Hopfen medium (leichtes Helles), Siebensternchen Pils, Burggraf dunkel, Spezial (Märzen), Urbock, saisonal: Schit dibri nó (Faschingsbier), Festbier (helles Winterbier) | **Öffnungszeiten** Brauerei-Shop: Mo–Fr 7–18 Uhr, Sa 8–12 Uhr, Brauereiführung für Gruppen nach Voranmeldung. Das von einem Pächter betriebene Bräustüberl in der Nähe der Brauerei lockt täglich mit traditioneller Küche und im Sommer mit einem herrlichen Biergarten. | **Tipp** Jean Paul zu Ehren braut die Erlanger Weller Bräu ein nach dem Dichter benanntes Dunkles.

62 Steinbier

Gebraut wie in der Urzeit

Wann genau die Menschheit begann, ihre Nahrung zu kochen, ist nicht wirklich bekannt. Archäologische Funde weisen 5.000 Jahre zurück. Schon damals wurden Fleisch und Gemüse freilich nicht einfach ins offene Feuer gelegt, denn sie wären verkohlt. Unsere Spezies hatte sich etwas Besseres einfallen lassen. Sie gab das Fleisch in eine Grube, später dann in einen großen Topf voll Wasser, brachte im Feuer Steine zum Glühen und warf sie dann ebenfalls dort hinein. Beim Bierbrauen war diese Technik bis ins Mittelalter gang und gäbe, um im ersten Produktionsschritt Malz und Wasser zur Würze aufzukochen. Dabei karamellisierte der Malzzucker und klebte an den Brocken fest. Deshalb kamen die Steine nach dem Gären wieder ins Bier, auf dass der bonbonartige Überzug dem Trunk eine süße Note verleihe. Genau so geschieht es bis heute in Altenkunstadt.

Die dortige Brauerei Leikeim ist eine von ganz wenigen in Franken, die das archaische Steinbier wieder herstellen. Geschmacklich liegt die unfiltrierte, obergärige, 5,8 Prozent Alkohol starke Spezialität nahe bei einem Kellerbier: trüb, hefig-erdig und spritzig. Die Karamellaromen sind würzig, aber nicht aufdringlich, sie könnten auch einer süßen Malzsorte geschuldet sein. Der Brauvorgang ist spektakulär. Im Hof der 1887 gegründeten, in fünfter Generation von der namensgebenden Familie betriebenen Bierkultstätte lodert ein Feuer, in dem ein Eisenkorb mit Natursteinen steht. Wenn sie glühen, wird er von außen in den ersten Stock gehievt. Dafür musste man extra ein entsprechendes Fenster ins Gebäude einbauen. Oben steht der Sudkessel, in den der Korb und seine heiße Fracht abtauchen. Es zischt und brodelt, eine Wolke Dampf steigt auf, wenn die Steine ihre Arbeit verrichten.

Für so viel Mühe gab es 2010 das höchste Lob, das der einige Tausend Mitglieder starke ProBier Club auszusprechen vermag: den Titel »Bier des Jahres«.

Adresse Brauhaus Leikeim, Gewerbegebiet 4, 96264 Altenkunstadt, Tel. 09572/75050, www.leikeim.de | **Bierprofil** Premium (Pils), Kellerbier, Landbier, Hell, Dunkles, Weizen, Steinbier, saisonal: Winterbier | **Öffnungszeiten** Für Gruppen wird wochentags nach Voranmeldung eine Brauereiführung angeboten. | **Tipp** Obwohl der Name etwas anderes suggeriert, braut die im nahen Weismain gelegene Püls-Bräu eine Vielzahl von Sorten. Neben ihren beiden Pils sind unter anderem auch das Kellerbier, das Landbier und das Weizen preisgekrönt.

63__Vollbier

Im Zeichen eines uralten Baums

Am Brunnen vor dem Tore, da steht ein Lindenbaum – so beginnt ein bekanntes Volkslied. Die mit den Wörtchen »vor« nur vage angegebene Strecke ist in Gräfenberg, dem heimlichen Hauptort der Fränkischen Schweiz, ziemlich weit. Die Kasberger Linde, mit geschätzten 1.000 Jahren eine der zehn ältesten in Deutschland, wurzelt drei Kilometer vom Ortskern und damit vom nach ihr benannten Lindenbräu entfernt. Die heilige Kaiserin Kunigunde (um 980–1033) soll den Baum höchstpersönlich gepflanzt haben. Heute kann er sich nur noch dank zahlreicher Sicherungsmaßnahmen aufrecht halten. Das Wappen der Lindenbräu hingegen zeigt ihn in der Blüte seiner Kraft. Kein Wunder, wurde doch die Kultbrauerei der Nürnberger Landbierfreaks bereits 1866 gegründet. Seit 1900 ist sie im Besitz der Familie Brehmer, bis 1928 nutzte man das örtliche Kommunbrauhaus, erst dann leistete man sich einen eigenen Sudkessel.

In der heimeligen Wirtsstube freut sich Irene Brehmer-Stockum, dass es bei den einheimischen und angereisten Gästen längst kein Thema mehr ist, dass seit dem Jahr 2000 sie als Frau Regie führt. Drei der vier Gräfenberger Brauereien sind fest in weiblicher Hand, auch im übrigen Frankenland hat das Klischee von der Männerdomäne Bier schon vor Jahrzehnten wohltuende Dellen erhalten.

Einschenken lässt man sich am besten ihr uriges bernsteinbraunes Vollbier, das mit einem ähnlich starken Durchhaltewillen die überlieferte, bedächtig langsame fränkische Brauweise verteidigt, wie die Kasberger Linde der Prophezeiung ihres Sterbens trotzt. Wie es sich für ein Vollbier aus der Fränkischen Schweiz gehört, ist das Lindenbräu, obwohl den Hellen zuzurechnen, bernsteindunkel und von malzigem Charakter. Zugleich aber ist es einer der elegantesten Vertreter dieser regionaltypischen Flüssigkeit. Vielleicht deshalb wird es in eine seltene, besonders elegante, hochhalsige Bügelverschluss-flasche abgefüllt.

Adresse Brauerei-Gasthof Lindenbräu, Am Bach 3, 91322 Gräfenberg, Tel. 09192/348, www.lindenbraeu.de | **Bierprofil** Vollbier, naturtrübes Weizen, Pils, Leichtes, saisonal: Bockbier, Festbier | **Öffnungszeiten** Mitte Nov.–Ende März Di–Do ab 11 Uhr, Sa ab 10 Uhr, So ab 16 Uhr; April–Mitte Nov. Mo, Fr, So ab 16 Uhr, Di–Do ab 11 Uhr, Sa ab 10 Uhr | **Tipp** Im nahen Thuisbrunn locken das Gasthaus und der Biergarten der Elch-Bräu, zu der auch eine Schnapsbrennerei gehört.

64 Karpfen-Weiße
Das Kultbier zum Kultfisch

Fährt man den Aischgrund entlang, meint man bisweilen, trockenen Fußes übers Wasser zu wandeln. Im Dreieck zwischen Bad Windsheim, Bamberg und Erlangen reihen sich mehr als 7.000 Teiche aneinander. Um das Wasser optimal zu nutzen, sind sie in Reihen angelegt, die einige Kilometer lang sein können. Rund 1.500 dieser von Menschenhand geschaffenen Bassins dienen dazu, den berühmten Aischgründer Karpfen zu züchten. Auf den Tisch kommt er traditionell nur in den Monaten mit »r«: von September bis April. Dann aber steht er gebacken, blau oder als Filet auf der Karte jedes Wirtshauses, das als ein echt fränkischer Ort der Gastlichkeit wahrgenommen werden will.

Die meisten Karpfenliebhaber bevorzugen Wein. Aber natürlich gibt es auch zu jenem Fisch, den die antiken Römer den Germanen mitbrachten und ohne den später die Mönche die vielen christlichen Fastentage nicht überlebt hätten, das perfekte Bier. Damit man die Bestimmung des Trunks auch dann sofort erkennt, wenn man sich vor lauter Hunger nicht mehr groß in die Getränkekarte zu vertiefen vermag, hat ihn die Brauerei Zum Löwenbräu aus Neuhaus bei Adelsdorf ganz pragmatisch Karpfen-Weiße getauft. Seine kernige Malzigkeit und sein fruchtig-mildes Aroma harmonieren kunstfertig elegant und souverän mit der träge im Gaumen mäandernden Sämigkeit des Edelfisches. Drei Mal hintereinander, 2007, 2008 und 2009, wurde das bernsteinfarbene Obergärige beim internationalen Wettbewerb European Beer Star mit Gold prämiert.

Herausragend ist auch das unfiltrierte Hausbräu Hefetrüb, ein dunkles Kellerbier, für das dem Löwenbräu vier Mal eine Silbermedaille umgehängt wurde. Auch der selbst gebrannte Bierschnaps, der dem Fisch die letzte Ölung gibt, ist preisgekrönt. Mittlerweile in der zehnten Generation angelangt, machen die Inhaber, die Familie Wirth, dem in ihrem Namen festgeschriebenen Beruf des Gastgebers alle Ehre.

Adresse Zum Löwenbräu, Neuhauser Hauptstraße 3, 91325 Adelsdorf-Neuhaus, Tel. 09195/923310, www.zum-loewenbraeu.de | **Bierprofil** Vollbier Hell, Pils, Hausbräu Hefetrüb (Kellerbier), Aischgründer Karpfen-Weiße, Leichtes (alkoholarmes Pils), saisonal: Festbier | **Öffnungszeiten** Direktverkauf: Mo–So 8–20 Uhr, jeden So um 10 Uhr wird auch selbst gebackenes Brot verkauft; Braugaststätte: Ende Aug.–Mitte Mai Do–So 11–14 Uhr sowie täglich 17.30–23 Uhr; Mitte Mai–Mitte Juli Sa, So 11–14 Uhr sowie täglich 17.30–23 Uhr, Mitte Juli–Ende Aug. Mo–Sa 17.30–23 Uhr, So Ruhetag; Felsenkeller (= Biergarten) circa 200 Meter außerhalb im Wald: Mai–Anfang Sept. (je nach Wetter) Mo–Fr ab 17 Uhr, Sa ab 16 Uhr, So und Feiertage ab 11 Uhr | **Tipp** Im nahen Karpfendorf Uehlfeld gibt es gleich zwei Brauereien: die Brauerei Prechtel und die Brauerei Zwanzger, beide mit Gasthaus.

65___A U

Keines liegt so gut im Magen

In der letzten Zeit bringen immer mehr deutsche Brauereien ein Unfiltriertes auf den Markt. Im Vergleich zu ihren hellen und glanzfein filtrierten Pilsnern, die uns die Fernsehwerbung empfiehlt, zeichnen sich diese meist bernsteinbraunen und nicht ihrer Gärstoffe beraubten Kellerbiere durch ein malzigeres und vor allem fruchtigeres Aroma aus. Für die Bierliebhaber aus Restdeutschland mögen sie eine geschmackliche Besonderheit sein. In Franken aber ist so ein Zwickelbier das tägliche Brot der Brauereien.

Bezeichnet man das unfiltrierte Kellerbier als fränkisches Nationalgetränk, dann hat sich das »A U« der Bamberger Mahr's Bräu den Ehrentitel der Mutter aller Kellerbiere verdient. »U« steht für den fränkischen Dreiklang aus »ungespundet«, »unfiltriert« und vor allem »unheimlich süffig«.

Während sich die meisten unter »unfiltriert« etwas vorstellen können, hinterlässt der Begriff »ungespundet« das ein oder andere Fragezeichen. Er leitet sich vom Spundloch ab, einer Öffnung in der Mitte eines Fasses, durch das man das Jungbier einfüllt. Wird das Spundloch verschlossen, wird die Kohlensäure, die der Sud bei seiner Reifung freisetzt, im Gerstensaft gebunden. Lässt man es offen, kann sie entweichen.

Trägt ein Bier die Bezeichnung ungespundet, steigen nach dem Einschenken nur wenige bis so gut wie keine Bläschen in ihm auf. Die gewitzten Franken betrachten das als Vorteil: Weil sich das »A U« auf seinem Weg durch die schmale Kehle nicht »so breit« macht, kann man es schneller trinken. Und auch in größeren Mengen, denn es blubbert nicht im Magen.

Das »A U« von Mahr's ist aber nicht nur wegen seiner »Drinkability« das Kultbier überhaupt. Zwei Buchstaben reichen aus, um im legendären, im Bamberger Stadtteil Wunderburg versteckten Braugasthaus Nachschub zu ordern. Bequemer geht es nicht. Weshalb es sicher nicht bei zwei Krügen bleibt ...

Adresse Mahr's Bräu, Wunderburg 10, 96050 Bamberg, Tel. 0951/915170, www.mahrs.de |
Bierprofil Im Braugasthaus gibt es das »A U« aus dem Holzfass, mitnehmen kann man es
sich in der 0,5- und 0,33-Liter-Flasche. | **Öffnungszeiten** Direktverkauf: Mo–Fr 7–16 Uhr,
Sa 9–13 Uhr; Braugasthaus mit Biergarten: Mo 16–23 Uhr, Di–Sa 10–23 Uhr, So
10–15 Uhr | **Tipp** Bei der Sandkerwa, einem fünftägigen Volksfest in der Bamberger
Altstadt, stellen sich die örtlichen Traditionsbrauereien einem Wettkampf um die Gunst
von 300.000 Besuchern. Termin: jährlich Ende August.

66__Weisser Bock

Der Geschmack des wahren Glaubens

Dass es in der Bierstadt Bamberg bei nur gut 70.000 Einwohnern elf aktive Brauereien gibt, die eine Vielzahl an unterschiedlichsten Sorten herstellen, ist ein Superlativ, der seinesgleichen sucht. Und dass ihre Märzen, Zwickel und Böcke die besten der Welt sind, wissen die Einheimischen schon immer. Aber was tun, wenn die große, weite Welt bei den Stichworten »Bier« und »Bayern« trotzdem an München, das Hofbräuhaus und das Oktoberfest denkt?

Wie gut, dass es in Bamberg eine Brauerei gibt, die man im wahrsten Sinne des Wortes als internationalen Botschafter für die heimliche Welthauptstadt des Bieres bezeichnen kann. Die Mannen um Stefan Michel, der die Mahr's Bräu in der nunmehr vierten Generation leitet, schicken ihre Flüssigkeiten in alle Welt hinaus, damit sie dort an Wettbewerben teilnehmen. Und sie kommen eigentlich immer siegreich nach Hause zurück. Beispiele gefällig? 2016 gab es bei den Australian International Beer Awards Gold für das Weizen und das Leichte sowie Bronze für das Pils und das Helle. Beim Meininger International Craft Beer Award wurde der Weizenbock mit Gold und das Helle mit Silber dekoriert. Beim Bierfestival in Budweis das Helle und das Leichtbier mit Gold. Auch bei den European Beer Star Awards ist die Mahr's Bräu regelmäßig auf dem Podium vertreten. In den letzten Jahren regnete es fünf Medaillen auf die Brauerei herab.

Mit zwei Prämierungen vorne dabei ist der »Weisse Bock«, ein dunkles Fastenbier mit 7,2 Prozent Alkohol, dass jährlich an Aschermittwoch angestochen wird. So fest wie der Glaube der Mönche, auf die dieser Biertyp zurückgeht, steht auch sein Schaum. Geschmacklich besticht er mit einem ausgefeilt intensiven Hefearoma, in das sich feine Schokoladen-, Karamell- und Honignoten mischen. 40 Tage lang sollen sich die Klosterbrüder dereinst von solcherlei Köstlichkeiten ernährt haben. Bei Gott, man mag katholisch sein!

Adresse Mahr's Bräu, Wunderburg 10, 96050 Bamberg, Tel. 0951/915170, www.mahrs.de |
Bierprofil Kellerbier, Pils, Helles, Weizen, Leichtbier, saisonal: Bockbiere, Festbier (Weizen) |
Öffnungszeiten Direktverkauf: Mo–Fr 7–16 Uhr, Sa 9–13 Uhr; Braugasthaus mit Bier-
garten: Mo 16–23 Uhr, Di–Sa 10–23 Uhr, So 10–15 Uhr; der »Weisse Bock« wird nur in
der Fastenzeit ausgeschenkt und verkauft | **Tipp** Das Fränkische Brauereimuseum auf dem
Bamberger Michelsberg erzählt in über 1.400 Exponaten die Geschichte des Brauwesens.
Highlight ist ein historischer Eiskeller mit einer konstant kalten Temperatur.

67 Maisel's Weisse Kristall

Die Optik ist alles

In früheren Zeiten mussten sich die Oberfranken einiges einfallen lassen, um ihre Familien ernähren zu können. Wälder wurden gar nicht erst gerodet. Wozu auch. In Äcker umgewandelt, hätten sie die Menschen auch nicht ernähren können. Dass der Norden der Region mit Fruchtbarkeit geizt (und Mittelfranken mit Regen), erklärt, weshalb traditionelle fränkische Biere generell auf Gerstenmalz basieren. Der im Anbau viel anspruchsvollere Weizen wäre zum Brauen viel zu schade gewesen.

Man könnte die Bayreuther Brauerei Maisel deshalb als einen Fremdkörper bezeichnen, der sich heimlich nach Bierfranken hineingeschmuggelt hat. 1955 entschied der damalige Seniorchef Fritz Maisel, das bis dahin klassische Sortiment um ein Weißbier zu erweitern. Es erhielt den verlockenden Namen »Champagner-Weizen«. Es auf eine Stufe mit dem französischen Prickelwein zu stellen, das dürfte viel dazu beigetragen haben, dass sich seine Brauerei bald nahezu ausschließlich auf diesen obergärigen Biertyp spezialisieren konnte.

Noch edler als die heutige Stammsorte, das deutschlandweit beliebte hefetrübe »Maisel's Weisse Original«, macht sich dessen klare, transparente Schwester im Glas. Das »Maisel's Weisse Kristall«, aus dem die Hefe herausgefiltert ist, gehört zu den wenigen Kristallweizen, die zu einer Verteidigungsrede auf diese seltsamen, 1924 erfundene Unterart zu motivieren vermögen. Denn um das Erscheinungsbild eines Champagners zu erreichen – farblich zartgelb mit einem endlosen Strom an Kohlensäureperlen –, muss die Hefe entnommen werden, die einem klassischen Weizen sein Aroma verleiht. Das »Maisel's Weisse Kristall« übersteht die Operation mit nur geringen Blessuren. Zwar ist das für ein Weizen typische Bananenaroma viel feiner, das Kristallweizen ist dafür im Vergleich auch viel schlanker. Und die verbleibende Fruchtigkeit und die Hefenoten sind schön miteinander ausbalanciert.

Adresse Brauerei Gebr. Maisel, Hindenburgstraße 9, 95445 Bayreuth, Tel. 0921/4010; Maisel's Bier-Erlebnis-Welt, Kulmbacher Straße 40, 95445 Bayreuth, Tel. 0921/401234 | **Bierprofil** Original (Hefeweizen), leichtes Weißbier, dunkles Weißbier, alkoholfreies Weißbier, Bio-Weißbier, Edelhopfen Extra (Diät-Pils) | **Öffnungszeiten** Bier-Erlebnis-Welt im historischen Stammhaus der Brauerei mit großem Biermuseum und Schaubrauerei: Führungen täglich 14 und 18 Uhr; für Gruppen auch Bierseminare; Bierkeller der von der Familie Maisel geleiteten Bayreuther Bierbrauerei AG liegen 300 Meter weiter und können ebenfalls besichtigt werden: Führungen täglich 16 Uhr | **Tipp** Die Marke Kapuziner ist das zweite oberfränkische »Weizen-Standbein«. Sie gehört zum Kulmbacher-Konzern.

68___ Stefan's Indian Ale
Shakespeare für den Mund

Im Jahr 2012 tauchten in fränkischen Getränkemärkten drei neue »Weinsorten« auf, aber aus irgendeinem Grund wurden sie vom Verkaufspersonal immer falsch bei den Bieren platziert. So zumindest muss es den Kunden vorgekommen sein. Zu dieser Zeit war das sogenannte Craft Beer, das weltläufige und auch im Preis ausgefallene Hopfen-Experiment, noch nicht in aller Munde, hatte Gerstensaft in 0,75-Liter-Flaschen und zu einem Preis von fünf Euro noch etwas verwegenes, weshalb Bierfranken da schon zwei Mal hinsehen musste. Mit »Maisel & Friends« hatte Jeff Maisel den Vorreiter unter den mittlerweile zahlreichen regionalen Gourmetbier-Marken gegründet.

Der Erbe der 1887 gegründeten Bayreuther Familienbrauerei Maisel wollte zeigen, dass sich aus Hopfen, Malz und Hefe viel mehr als die gewohnten Geschmackserlebnisse komponieren lassen. Für die ersten drei Kreationen holte er sich versierte Co-Brauer ins Boot. Jeff Maisel selbst zauberte eine mit überbordenden Fruchtaromen gesegnete Variation eines Weizenbocks. Kollege Marc Goebel steuerte ein Stout bei, einen irischen Biertyp, der bei ihm intensiv nach Schokolade schmeckt.

Für die dritte Kreation zeichnete kein Bierprofi, sondern ein Winzer verantwortlich. Vor allem ihr ist es zu verdanken, dass »Maisel & Friends« die Gourmet-Gemeinde im Sturm erobern konnte. Das nach seinem Schöpfer Stefan Sattran benannte »Stefan's Indian Ale« ist eine Inszenierung von Aromen. Legt man sich einen Schluck auf die Zunge, wird sie zur Bühne eines shakespearschen Schauspiels. Im ersten Moment betört »Stefan's Indian Ale« mit dem Geschmack von mildem Obst und Zitrusfrüchten. Dann gewinnen liebliche Honignoten die Überhand. Sie kippen bald ins Waldige und Harzige, wenn schließlich die Bittere des Hopfens einmarschiert. Bitte trinken Sie langsam und bewusst, damit sich die Dramaturgie dieses 7,3 Prozent Alkohol starken Obergärigen voll entfalten kann.

Adresse Maisel & Friends, Hindenburgstraße 9, 95445 Bayreuth, Tel. 0921/4010, www.maiselandfriends.com; Liebesbier, Andreas-Maisel-Weg 1, 95445 Bayreuth, Tel. 0921/46008020, www.liebesbier.de | **Bierprofil** Bierserien Sessions (obergärige, von internationalen Bierstilen inspirierte Sorten), Co-Brewing (Gemeinschaftskreationen mit befreundeten Brauern oder zum Beispiel Bäckern) und Freestyle (Brauexperimente) | **Öffnungszeiten** Die Maisel-&-Friends-Biere entstehen in einer gläsernen Schaubrauerei. Im selben Haus bietet das Wirtshaus Liebesbier weit über 100 Edelbiere aus aller Welt, Bierseminare und Events mit Deutschlands führenden Biersommeliers, geöffnet täglich 17 bis 0 Uhr. | **Tipp** Die Bayreuther Bierbrauerei AG wird ebenfalls von der Familie Maisel geleitet. Ihre Spezialität ist das naturbelassene »Aktien Zwick'l Kellerbier«.

69___Välta-Bier

Die Letzten ihrer Art

Auch in Franken geht das Schreckgespenst der Biereinöde um. Bedroht sind jene kleinen Dörfer, deren Brauer hochbetagt und nicht mit einem Kind gesegnet sind, das in seine Fußstapfen treten will. Aber noch gibt es sie! Die Brauerei Mazour-Fößel in Appendorf zum Beispiel, einem 200 Einwohner kleinen Örtchen nördlich von Bamberg. Unter diesem Namen kennt sie freilich keiner.

Der Appendorfer geht seit Generationen »zum Välta«. Schließlich gab es einst einen Wirt namens Valentin. Dass der heutige Edmund heißt? Natürlich ist das jedem bekannt. Aber wie sagt man in Franken so schön: Man muss doch nicht auf alles gleich reagieren! Wer sich als Kenner fränkischer Biere bezeichnen will, muss zumindest einmal in dieser Zeitmaschine gewesen sein und den ursprünglichen, unprätentiösen Charme des Brauereigasthauses in sich aufgesogen haben. Man fühlt sich um etliche Jahrzehnte zurückversetzt. Irgendwer sitzt immer im Dunkel der Wirtsstube am Stammtisch, liest Zeitung, trinkt sein Bier. Egal, zu welcher Uhrzeit man kommt.

Bei der einzigen Sorte des Brauers Edmund Fößel, dem »Välta-Bier«, handelt es sich um ein urtümliches braunes Lager, das anfangs ein wenig herb-malzig daherkommt. Rustikal eben, aber davon darf man sich nicht schrecken lassen. Schon beim zweiten Schluck verfällt man seiner Kernigkeit, den brotigen Aromen und den unterschwellig süßen Karamellnoten. So muss Bier in der guten alten Zeit geschmeckt haben, lange bevor die Marketingabteilungen der Großbrauereien dem Land eine Geschmacksvereinheitlichung verordnet haben. Eintönigkeit gibt es beim Välta in Appendorf nicht. Dafür sorgt auch die bayernweit größte Musikaliensammlung im ehemaligen Tante-Emma-Laden neben der Wirtsstube. Wer Glück hat und an einem Freitagabend kommt, an dem Hausmusik gemacht wird, kann die alten Instrumente live erleben – solange es den Välta in Appendorf noch gibt.

Adresse Brauerei Mazour-Fößel, Baunacher Straße 28, 96169 Appendorf, Tel. 09544/20390 | **Bierprofil** Välta-Bier | **Öffnungszeiten** Brauereiwirtshaus zum Välta: Mo, Do–So ab 9 Uhr, Di, Mi Ruhetag | **Tipp** Auch die Schwanen-Bräu im nahen Ebing schenkt in ihrem historischen Brauereigasthof nur eine einzige Sorte aus, ein Dunkles.

70_Weizenbock

Wenn die Nebel wallen

Beim Stichwort Bierstadt fallen einem sofort Bamberg und Kulmbach ein. Aber Hof? Das nördliche Schlusslicht der Region, das viele geografisch und gefühlt bereits dem sächsischen Vogtland zurechnen, wird von den Franken stiefkindlich unterschätzt. Dabei soll sein Bier im 16. Jahrhundert so vorzüglich geschmeckt haben, dass es sogar die Kulmbacher ihrem eigenen vorgezogen haben. Im Jahr 1900 hatte Hof 20 Brauereien. Viele von ihnen wurden direkt oder indirekt von der Kulmbacher Konkurrenz übernommen. Das klingt nach später Rache. Heute ist die einstige Vielfalt zu einer Zwei zusammengeschrumpft. Und nur die 1731 gegründete Brauerei Meinel konnte ihre Unabhängigkeit bewahren.

Derzeit erlebt sie den Übergang von der zwölften auf die dreizehnte Generation der namensgebenden Besitzerfamilie. Die Schwestern Monika und Gisela Meinel-Hansen haben sich zu Braumeisterinnen ausbilden lassen, um in die Fußstapfen ihrer Mutter zu treten, die ebenfalls Gisela heißt. Beide erweitern das klassische Sortiment immer wieder um Kreationen, die beweisen, dass die Kunst des Brauens eine hohe ist. Unbedingt probiert haben sollte man den Weizenbock, für den man freilich etwas Geduld mitbringen muss, denn er wird nur saisonal als Herbstbier gebraut. Unter seiner phänomenalen Schaumkrone verbirgt sich ein eleganter, molliger und wärmender Nektar mit ausgeprägten Frucht- und Gewürznoten, der seine berauschende Wucht – immerhin 6,5 Prozent Alkohol – geschickt zu kaschieren vermag. Weich, süffig, einlullend, zugleich aber vitalisierend – ein Trunk, der auf den Punkt genau dazu gemacht ist, den jährlichen November-Blues aus dem Körper hinauszuschwemmen.

Auch die Jury des internationalen Wettbewerbs European Beer Star, zu dem jährlich rund 1.500 Biere eingereicht werden, zeigte sich begeistert. 2010 verlieh sie der von Monika Meinel-Hansen komponierten Leckerei eine Goldmedaille.

Adresse Familienbrauerei Georg Meinel, Alte Plauener Straße 24, 95028 Hof, Tel. 09281/3514, www.meinel-braeu.de; Direktverkauf: Meinel Brauereikontor, Einfahrt Schleizer Straße 4a, 95028 Hof, Tel. 09281/3514; Gourmetbierlokal Trompeter, Bismarckstraße 10, 95028 Hof, Tel. 09281/9386277, www.biersalon-trompeter.de | **Bierprofil** Pils, helles und dunkles Lager, Märzen, Mephisto (Rauchbier), Weizen, Bio-Festbier, saisonal diverse Bockbiere und außergewöhnliche Spezialitäten wie den mit erntefrischem Hopfen veredelten Hopfenzupfer | **Öffnungszeiten** Direktverkauf: Mo–Do 8–17.30 Uhr, Fr 8–17 Uhr, Sa 8–12 Uhr; Biersalon: Di–Sa ab 18 Uhr | **Tipp** Die zweite Hofer Brauerei, Scherdl, ist seit 2003 ein Tochterunternehmen der Kulmbacher AG.

71_ Vollbier

Zeitlos einfach

Es ist nicht einfach zu verstehen, wieso manch ein Trunk Kultstatus erreicht. Das Vollbier der Brauerei Meister aus Unterzaunsbach zum Beispiel. Die Leser der oberfränkischen Zeitung »Fränkischer Tag« haben es 2016 zum besten Dunklen aus dem Landkreis Forchheim gekürt. Und das, obwohl es sich schüchtern vor einer allzu großen Nachfrage versteckt. Zwar liegt es nicht nur in der Brauereigaststätte am Hahn, einer unaufgeregten Augenweide für Freunde des Designs der Wirtschaftswunderjahre mit einem überdimensioniert großen Parkplatz und einem etwas klein geratenen Biergarten. Aber in den Getränkemärkten duckt es sich so geschickt weg, dass man sich schwertut, nicht doch nach einem Kasten von einer jener Brauereien zu greifen, die mit bunten Etiketten und schreienden Slogans die Augen auf sich ziehen. Gäbe es einen Preis für die Bierflasche, die am wenigsten hermacht, die Brauerei Meister hätte ihn verdient.

Wie erklärt man dem Unkundigen, warum das Vollbier aus Unterzaunsbach trotzdem so beliebt ist? Man öffnet einfach eine Flasche und kippt sie in einen Krug. Großer Worte bedarf es dabei nicht. Dieses Bier spricht für sich. Wenn der tief bernsteinfarbene, kupfern glänzende Trunk den Mund füllt, sich seine Malzaromen breitmachen, eine leichte Süße über den Gaumen huscht, die eine fein bittere Hopfennote hinter sich herzieht wie ein kleines Kind seine Holzente, hat das unkapriziöseste unter den fränkischen Landbieren wieder einen weiteren Freund fürs Leben mehr gewonnen. Garantiert.

Dass gerade die einfachen Biere zeitlos sind, das harte Wasser der Fränkischen Schweiz doch perfekt zum Brauen geeignet ist, dass sich eine Reifezeit von mindestens vier Wochen auszahlt und dass die Berliner Stil haben, weil sie das Vollbier von Brauer Georg Meister auch bei sich im Laden stehen haben wollen – all das könnte man noch erwähnen. Muss man aber nicht.

Adresse Brauerei Meister, Unterzaunsbach 8, 91362 Pretzfeld, Tel. 09194/9126, www.meisterbräu.de | **Bierprofil** Vollbier, saisonal: Zwickel, Festbier | **Öffnungszeiten** Braugasthaus mit Biergarten: Mo ab 11 Uhr, Mi ab 17 Uhr, Fr, Sa, So ab 11 Uhr, Di, Do Ruhetag | **Tipp** Kultstatus genießt auch das Landbierparadies in Nürnberg, ein Getränkemarkt mit einer konkurrenzlos großen Auswahl fränkischer Kleinbrauereien.

72__Relax

Die Milde eines Sommertags

Rund um den Globus werden derzeit um die 200 Sorten Hopfen angebaut. Nicht alle eignen sich zum Brauen. Die Züchtung »Relax« zum Beispiel. Weil sie so gut wie keine Bitterstoffe mitbringt, wird sie eigentlich nur Beruhigungstees beigemischt. Was aber geschieht, wenn man sie dennoch zum Würzen von Gerstensaft heranzieht? Die Bierfreaks Luke Kennedy und Mark Zunkel haben es ausprobiert.

Die beiden US-Amerikaner waren 2006 nach Bayern gezogen, um in Weihenstephan das Bierbrauen zu erlernen. Anschließend ließen sie sich in Nürnberg nieder. 2015 gründeten sie dort die Biermarke »NBG New Beer Generation«. Ihr erster Wurf, ein gleichnamiges, typisch amerikanisches und damit deutlich bitteres Pale Ale, avancierte schnell zum Szene-Bier. Es gilt als Pionier einer neuen regionalen Bierkultur. Mark Zunkel verdient sein Geld bei Johann Barth & Söhne, einem in der Frankenmetropole ansässigen Global Player unter den Hopfenhändlern. Das erklärt, weshalb die beiden bei ihrem zweiten Wurf mit jenen Dolden experimentieren konnten, die eigentlich nur Apothekern ein Begriff sind.

Nimmt man ihr »Relax« in den Mund, scheint auf den ersten Eindruck tatsächlich etwas zu fehlen – die gewohnte Bitterkeit. Der Gaumen findet nur ein üppiges Aromenbouquet aus frischem Heu, Hibiskus und Zitrusfrüchten, das obergärige Pale Ale schmeckt nach einem dieser trägen Hochsommertage, an denen man am See abhängt, sich aber doch zu matt fühlt, um ins Wasser zu gehen. Es verkörpert die pure Milde, ist die Übersetzung von Worten wie Auszeit, egal und Entspannung. Erst beim Schlucken entfaltet sich dann doch eine zerbrechlich leichte, schüchterne Bitterkeit. Damit nicht nur die Fans seltsam ausgefallener Bierkreationen die 0,33-Liter-Fläschchen lieb gewinnen, wird das »Relax« mit drei weiteren, ganz klassischen Hopfensorten gebraut. Eine Kuriosität, die sich eine Großbrauerei nicht getraut hätte.

Adresse NBG New Beer Generation, Bismarckstraße 45c, 90491 Nürnberg, Tel. 0171/8437548, www.newbeergeneration.de | **Bierprofil** Dritte Sorte ist das 2016 kreierte »Hopburst Interstellar IPA«, ein leichtes India Pale Ale. Weitere international inspirierte Biere werden folgen. | **Tipp** Mit den »Brew Dudes« gibt es seit 2015 auch in Würzburg eine ähnlich junge, aber nicht ganz so experimentierfreudige Craft-Beer-Marke.

73_Schwarze Anna

Die Heilige vom Kellerwald

Ein Bier, das die Ehefrauen beschützt und vor Gewitterschäden bewahrt, wählten die Leser der Bamberger Zeitung »Fränkischer Tag« 2016 zum besten Dunklen der Region. Sicher, man kann sich die »Schwarze Anna« bequem in jedem gut sortierten Getränkemarkt besorgen. Angemessen aber ist es, sich ihr von Unterweilersbach bei Forchheim aus anzunähern und zur kleinen Kapelle zu pilgern, die dort dereinst zu Ehren der Heiligen gleichen Namens errichtet wurde. Seit dem Mittelalter ehren die Forchheimer die Großmutter von Jesus, Schutzpatronin der Ehegattinnen und erste Gebetsadressatin bei Blitz und Donner mit einer Wallfahrt. Auf dem Rückweg kamen sie schon immer durch den Kellerwald, in dessen unterirdischen Kammern Bier lagerte. Und weil man eh Durst hatte, machte man halt dort seine Rast und ließ sich von den Daheimgebliebenen mit Essen versorgen. So entstand das heute elftägige Forchheimer Annafest.

Ganz so alt ist die »Schwarze Anna« der Brauerei Neder aus Forchheim noch nicht. Vor 20 Jahren heuerte Braumeister Rainer Kalb in der 1554 erstmals urkundlich erwähnten Sudstätte an, in deren historisches Wirtshaus man sich seine Brotzeit noch wie vor Zeiten selbst mitbringen darf. Auf Anregung seiner Chefin Astrid Neder-Haub kreierte er zum Einstand eine neue Sorte. Die »Schwarze Anna«, die neben der Heiligen auch nach der Mutter des Braumeisters benannt ist, wurde der heimliche Star der einstigen Lieblingsbrauerei der Regnitzschiffer.

Pechschwarz färbt sie das Glas. Weiß und rein erstrahlt ihre Schaumkrone. Aber auf die inneren Werte kommt es an. Und da zeigt die »Schwarze Anna«, was ein Geschmackswunder ist. Vollmundig, weich und angenehm süß ist sie, hat man sie bei sich im Mund. Lässt man sie aber fallen, durch die Kehle, entpuppt sie sich als feinherbes Persönchen. Samtig und traumhaft süffig – wer wollte sich da nicht sofort verlieben.

Adresse Brauerei Neder, Sattlertorstraße 10, 91301 Forchheim, Tel. 09191/2400, www.neder-brauerei.de | **Bierprofil** Dunkles (Schwarze Anna), Export, Pils, Helles, Kellerbier, Braunbier, Weizen, saisonal: Bockbier und Festbiere | **Öffnungszeiten** Brauwirtschaft: Mo – Sa 10 – 22 Uhr, So und Feiertage 9 – 13 Uhr; jedes Jahr um den Monatswechsel Juli – August: das 23 Bierkeller große Forchheimer Annafest | **Tipp** In Forchheim kann man sich ein weiteres sensationell gutes Dunkles zapfen lassen, das »Achhörnla« der 1783 gegründeten Brauerei Eichhorn.

74_Weiße Eule

Die Crème de la Weizen

Man muss mutig sein, wenn man in der Fränkischen Schweiz, in der es von legendären Bieren nur so wimmelt, ein Brauhaus neu eröffnet. Schließlich ist der gemeine Franke beim Gerstensaft ein markentreuer Traditionalist – bisweilen auch über Generationen hinweg. Weil aber im dortigen Pretzfeld seit Jahrhunderten eine Lücke klaffte, ist es Mike Schmitt aufs Trefflichste geglückt. 1510 wurde dem Ort per kaiserlichem Dekret aufgezwungen, sein Bier aus Ebermannstadt zu beziehen. Selbst zu brauen wurde bei Strafe verboten. Erst 498 Jahre später bekam man mit der Brauerei Nikl endlich eine eigene Bieridentität.

Aber es ist nicht nur der Lokalpatriotismus der Einwohner, der das in einen einstmaligen Kuhstall eingepasste Gasthaus füllt. Auch die Städter aus dem nahen Nürnberg sehen dort ihre Sehnsucht gestillt. Sie haben die drei Sorten, die man ihnen beim Nikl kredenzt, das Zwickl, das Dunkle »Michala« und das Weizen »Weiße Eule«, gleich aus mehreren Gründen zu Kultbieren erklärt: Mike Schmitt braut nachweisbar handwerklich, man kann ihm vom Gastraum aus zusehen. Er filtert seine Schätze nicht. Und – ganz wichtig – sein Wirtshaus liegt führerscheinfreundlich, Pretzfeld ist ans Netz der Bundesbahn angeschlossen.

Dass örtliche Biertraditionen zwangsläufig fehlen, kompensiert der Bräu durch private. Die Brauerei ist nach dem »Nikl Hans« benannt, der seinerzeit dort, wo heute der Sudkessel steht, das Vieh fütterte. Und die Eule im Logo? Ihr verdankt auch das sensationell cremige Weizen seinen Namen – eines der besten Obergärigen in der gesamten Fränkischen Schweiz übrigens. Sie spielt auf Niedermirsberg an, das Nachbardorf, aus dem Mike Schmitt ursprünglich stammt. Man erzählt sich: Eines Tages glaubten dessen Bewohner, der Teufel säße auf ihrem Kirchturm. Mit Mistgabeln gelang es, ihn zu vertreiben. Aber was sie zum Himmel jagten, war bloß eine Eule.

Adresse Brauerei Nikl, Egloffsteiner Straße 19, 91362 Pretzfeld, Tel. 09194/725025, www.brauerei-nikl.de | **Bierprofil** Zwickl, Michala (Dunkles), Weiße Eule (Weizen), saisonal wechselnde Sondersude, diverse fassgereifte Spezialitäten | **Öffnungszeiten** Gasthaus und Biergarten: Fr−So ab 9.30 Uhr oder nach Vereinbarung | **Tipp** Vögel scheinen es der Region angetan zu haben. Im nahen Ebermannstadt kredenzt der Schwanenbräu unter anderem eine Schwanen-Weiße.

75__Obaladara

Der flüssige Zungenbrecher

Die Fränkische Schweiz bietet alles, was sich der gestresste Mensch nur wünschen kann: romantische Flüsschen, in die Mühlräder hineintauchen und über denen Burgen und Ruinen thronen. Vor allem aber gibt es dort mehr Brauereien, als in den Jahresurlaub hineinpassen. Da staunt der Münchner: Mit einem Preis fürs Seidla, für den sie ihm daheim gerade mal ein Schnapsglas vollmachen würden! Auch in der Oberleinleiterer Brauerei Ott, gelegen im Wanderparadies bei Heiligenstadt, reißt ein Besuch selbst dann kein Loch in die Kasse, wenn sich die ganze Familie genüsslich satt isst. Obendrein ist dort für kostenlose Unterhaltung gesorgt. Denn ein auf der Karte unter Bier einsortiertes Wort gibt ein Rätsel auf.

Böse Zungen behaupten, das mit 5,1 Prozent Alkohol recht unauffällige »Obaladara« wäre das einzige Lager, dass man erst zu bestellen vermag, wenn man schon ein paar davon getrunken hat. Denn erst dann wäre es der Zunge möglich, »Obaladara« fehlerfrei auszusprechen.

Was für Touristen nach einem Zungenbrecher klingt, den der Bräu nur erfunden haben kann, damit man ihm sein Lieblingsbier nicht wegtrinkt, ist für den Eingeborenen sonnenklar: Mitten durch die Fränkische Schweiz fließt das Flüsschen Leinleiter. Das wird im Dialekt zur »Lada« verschliffen – und die an seinen Ufern gelegenen Orte Unter- und Oberleinleiter in strenger Konsequenz zu »Unterlada« und »Oberlada«. Ein »Obaladara« kann also nur ein Bier aus Oberleinleiter sein.

Auch wenn es eine Lehrstunde in Fränkisch erzwingt, es ist ein leicht durch die Kehle rinnendes, wunderbar uriges Getränk. In tief dunklem Kupferrot leuchtet es aus seinem Glas und schickt feine Röstmalz- und Hopfenaromen zur Nase hinauf. Wer das »Obaladara« einmal im Mund gehabt hat, greift mit Sicherheit noch ein zweites und ein drittes Mal zu. Nicht nur, weil ihm dann die Nachbestellung flüssig von den Lippen geht.

Adresse Brauerei und Gasthof Ott, Oberleinleiter 6, 91332 Heiligenstadt, Tel. 09198/997649, www.brauerei-ott.de | **Bierprofil** Obaladara, Export, Pils, Weizen, saisonal: Bockbier | **Öffnungszeiten** Brauerei: Mo–Fr 8–18 Uhr; Gasthaus mit Biergarten: Mi–So ab 9 Uhr | **Tipp** Freunden des urtümlichen Fränkischen sei auch die Brauerei Heckel aus Waischenfeld ans Herz gelegt. Es gibt nur eine Sorte, ein unfiltriertes Helles, gebraut wird einmal im Monat, und sein Essen darf man sich ins Gasthaus selbst mitbringen.

76_Black Gold

Sämig wie Motoröl

Wofür immer mehr Bierfreunde Hunderte von Autobahnkilometern hinter sich zu lassen bereit sind, ist dem Bayerischen Brauerbund bisweilen ein Dorn im Auge. Kompositionen, die Zutaten enthalten, die das Reinheitsgebot verbietet, sind ein ganz großer Trend. Um sie brauen zu dürfen, ist eine Ausnahmegenehmigung erforderlich. Weil der für den Freistaat zuständige Verband aber generell sein Ja verweigert, ist es fraglich, ob es eines der sensationellsten Gebräue der letzten Jahre noch einmal geben wird.

Es heißt »Black Gold«, kommt aus der 2007 gegründeten, in einem kleinen Dorf auf der Rhön versteckten Pax Bräu und ist – wir werden das gleich ins Verständliche übersetzen – ein »Lakritz Oatmeal Stout«. Braurebell Andreas Seufert, der von den Fans extravaganter Gourmetbiere wie ein Gott verehrt wird, hat für diese Kreation die irische Biertradition mit einem fast vergessenen Kapitel der Stadtgeschichte Bambergs verheiratet: dem Anbau des Grundstoffs der Lakritze, dem Süßholz, der dort bis ins 20. Jahrhundert im großen Stil betrieben wurde. Ein Stout ist tiefschwarzer, obergäriger Bierstil mit einer verblüffend stabilen Schaumkrone, der im 18. Jahrhundert in London als eine haltbare und leicht zu transportierende Kraftnahrung für Bauarbeiter entwickelt wurde. Braut man es mit Haferflocken (Oatmeal), wird es mindestens so cremig wie sein berühmtester Vertreter, das Guinness.

Bereits die eigenwillige Konsistenz des »Black Gold« ist ein Erlebnis. Es füllt den Mund mit intensiven Schokoladen- und Kaffeearomen, die dank etwas Birne und des angenehm penetranten Lakritzuntertons ins Ambiente einer abgearbeiteten großväterlichen Bauernsonntagsnachmittagsküche platziert werden. »Das ist kein Bier, das ist Motoröl!«, heißt es punktgenau auf der Brauereihomepage.

Wer den Gaumen behutsam an die Pax Bräu heranführen will, bekommt dort auch ein ganz normales Vollbier.

Adresse Pax Bräu, Rathgeberstraße 7, 97656 Oberelsbach, Tel. 09774/7439003, pax-braeu.de |
Bierprofil Vollbier, Weizen. Kultstatus haben die rund 20 saisonalen Kreativbiere, von
denen immer nur 2.000 bis 3.000 Liter gebraut werden. Auf der Website der Brauerei
informiert ein Jahreskalender über die kommenden Sorten. | **Öffnungszeiten** Direkt-
verkauf: Mo−Mi 9−11 und 13−17 Uhr | **Tipp** Beim Craft-Beer-Festival in Erbshausen
bei Würzburg kommen jedes Jahr die besten fränkischen Kreativbrauer zusammen, um
Neugierigen ihre Biere zu erklären.

77___Hetzelsdorfer Vollbier

Bier kennt keine Minderheiten

Die Brauereien rund um das Walberla, den markanten Aussichtsberg bei Forchheim, genießen alle einen hervorragenden Ruf. Da macht die Brauerei Penning-Zeißler in Hetzelsdorf keine Ausnahme. Deshalb verwundert es nicht, dass sich den ganzen Sommer über Ströme von Bierdurstigen auf den Weg in das abgeschiedene, nur durch ein schmales Sträßchen mit der Außenwelt verbundene Örtchen machen.

Als man dereinst einen Plan ersann, wie sich Tausende in das Dorf locken lassen, hatte man freilich nicht die örtliche Brauerei im Sinn. Eigentliches Ziel sollte der »Jura Dom« sein, die 1901 eingeweihte Matthäuskirche, die für das 300 Seelen kleine Hetzelsdorf überdimensioniert wirkt. Sie ist das Gotteshaus der Evangelischen, die seelische Ertüchtigungsstätte für die lutherische Minderheit im Trubachtal und den umliegenden Bergen.

Während zu einem normalen Gottesdienst gerade einmal um die 50 Schäfchen im Kirchenschiff Platz nehmen, lässt sich eine weitaus größere Zahl schräg gegenüber nieder, um sich am ›flüssigen Manna‹ der Brauerei Penning-Zeißler zu laben. Ihr dunkles »Hetzi«, wie ihr Vollbier liebevoll genannt wird, ist eben auch ein wundervoll charakterstarkes Bier. Ein vollmundiger Trunk, bei dem sich nussige Aromen, Karamellnoten und eine feine Hopfenbittere im Mund darum balgen, wer von ihnen wann den Gaumen betören darf. Man schmeckt, dass Braumeister Karlheinz Penning auf fast 400 Jahre Erfahrung aufbauen kann: In seinen Adern muss Gerstensaft fließen, denn seine Familie braut seit 1623.

Neben dem süffigen »Hetzi« werden in der gemütlichen Brauwirtschaft und im lauschigen Biergarten zu Braten und Schäuferla auch ein eigenes Weizen und ein Pils serviert. Weil es nur vier praktikable Möglichkeiten gibt, den Ort zu erreichen – zu Fuß, mit dem Fahrrad, dem Motorrad und dem Auto –, ist auch ein führerscheinfreundliches dunkles Leichtbier im Angebot.

Adresse Brauerei und Gasthof Penning-Zeißler, Hetzelsdorf 9, 91362 Pretzfeld-Hetzelsdorf, Tel. 09194/252 | **Bierprofil** Vollbier, Pils, Lager, dunkles Leichtes, Weizen, saisonal: Märzen, Frühlingsbier, Maibock, Weihnachtsfestbier, Weihnachtsbock | **Öffnungszeiten** Braugasthof und Biergarten: Mi–Fr ab 16 Uhr, Sa, So und Feiertage ab 9 Uhr, Mo, Di Ruhetag | **Tipp** In Leutenbach – ebenfalls am Fuß des Walberla – liegt die Brauerei Drummer, die in ihrem Gasthaus und im Biergarten ein exzellentes Dunkles serviert.

78 Ritter 1645 Ur-Märzen

Der Geschmack einer zünftigen Zeit

Gäbe es ein Reisebüro für Zeitreisen ins Mittelalter, die Schlange der Interessenten wäre so lang wie der Weg der Kreuzfahrer ins Gelobte Land. Denn auch wenn niemand den Komfort des modernen Lebens wirklich aufgeben will: Wer träumt nicht davon, einen Tag lang edler Recke zu sein. Ganz egal, wie sehr sich Archäologen bemühen, unser verklärtes Bild der Vergangenheit zurechtzurücken, historische Korrektheit soll bei Mittelalterfesten, Turnierspektakeln und zünftigen Ritteressen bitte außen vor bleiben. Denn es geht darum, für ein paar Stunden den alltäglichen Terminstress und die gesellschaftlichen Konventionen zu vergessen und mit den Händen und einem hölzernen Löffel zu essen.

Das Jahr 1645, in dem die Nennslinger Ritter St. Georgen-Brauerei zum ersten Mal urkundlich erwähnt wurde, gehörte streng genommen schon lange nicht mehr in die dunkle Zeit der Schwertkämpfe. Landsknechte und Kanoniere bestimmten die Epoche des Dreißigjährigen Kriegs. Und in der Kunst feierte der Barock die Magie der Farben und des Lichts.

Aber wen kümmert das, wenn man einen Krug »Ritter 1645 Ur-Märzen« vor sich stehen hat. Das vollmundige kupferfarbene Lager, satte 5,5 Prozent Alkohol stark, ist ein Traum von einem Bier – eine Geschmacksreise in eine Epoche, in der die Menschen gar nicht anders konnten, als ihre Sude rein handwerklich zu maischen und zu reifen. Süße Malzaromen paaren sich mit einer feinen Hopfigkeit. Das Rezept soll, so kann man es auf den Etiketten lesen, aus den mit 1645 bezifferten Anfangstagen der Brauerei stammen. Genügt uns dieses Alter? Man munkelt, dass in Nennslingen schon 1050 ein eigenes Bier gebraut wurde, als der Eichstätter Bischof Gundekar II. in das Örtchen reiste, um eine Kirche einzuweihen. Beweisen lässt sich das freilich nicht, es fehlt eine entsprechende historische Urkunde. Aber ein wenig von der guten alten Zeit träumen darf man auch so.

Adresse Ritter St. Georgen-Brauerei, Marktplatz 1, 91790 Nennslingen, Tel. 09147/246, www.ritter-bier.de | **Bierprofil** Helles, Pils, Kellerbier, Georgi-Sud (Dunkles), Ritter 1645 (Märzen), helles, dunkles und leichtes Weizen | **Öffnungszeiten** Brauereiführungen für Gruppen auf Voranmeldung möglich, Brauereigaststätte Ritterstub'n: täglich außer Mo ab 16 Uhr, So ab 11 Uhr | **Tipp** Tief in die lange Geschichte des regionalen Brauwesens eintauchen kann man im Heimat- und Brauereimuseum im nahen Pleinfeld.

79__Starker Ritter

Der Schutz- und Segenstrunk der Brauer

Zum heiligen Georg haben viele Bierhandwerker eine ganz besondere Beziehung. Auf dem Land tragen viele Söhne traditionsbewusster Brauer noch heute seinen Namen – und das nicht ohne Grund. Der Georgi-Tag, der 23. April, ist so etwas wie ihr Feiertag. Denn an einem solchen erließen die bayerischen Herzöge Wilhelm IV. und Ludwig X. 1516 in Ingolstadt jene berühmte Landesordnung, die die deutschen Biertrinker als das Reinheitsgebot kennen. Vor der Einführung der Kühltechnik endete zudem in Teilen Bayerns am Georgi-Tag die Brausaison für wärmeempfindliche untergärige Biere. Auch die Büttner verehrten den Märtyrer als ihren Schutzpatron.

In Franken kennt man den heiligen Georg als »starken Typen«, als tapferen Ritter und Drachenbezwinger. Als solcher taucht er immer wieder in den Wappen und Namen von Sudstätten auf, etwa in einer 1645 vom Brauer Georg Engelhardt in Nennslingen, einem kleinen Marktflecken östlich von Weißenburg, gegründeten Brauerei. 1748 übernahm Michael Treiber den Betrieb und nannte sich »Wirt zum Ritter St. Georg«. Seither stehen die Inhaberfamilien, ihre Mitarbeiter und ihre Biere unter einem besonders segensreichen Schutz. Neben dem Heiligen ziert ein Wahlspruch die Etiketten, den die antiken Römer in die Region mitgebracht hatten: »Fortes fortuna adiuvat« – Das Glück ist mit den Tapferen.

Besonders tapfer muss man nicht sein, wenn man sich mit dem Starken Ritter aus Nennslingen einlässt, der 2015 beim internationalen Wettbewerb European Beer Star mit einer Silbermedaille prämiert wurde. Hinter dem Namen versteckt sich ein hell honigfarbener Weizenbock. Schön sämig, so wie man es bei diesem Bierstil erwartet, verbreitet er ein fruchtiges Bananenaroma, füllt jeden Mundwinkel mit einer ausgewogenen Mischung aus Frucht und Würzigkeit. Ein klassischer Weizenbock ohne Fehl und Tadel. Und mit 7,5 Prozent Alkohol ein wirklich starker Typ.

Adresse Ritter St. Georgen-Brauerei, Marktplatz 1, 91790 Nennslingen, Tel. 09147/246, www.ritter-bier.de | **Bierprofil** Das zweite Starkbier der Brauerei ist ein heller Bock. | **Öffnungszeiten** Brauereiführungen für Gruppen auf Voranmeldung möglich; Brauerei-gaststätte Ritterstub'n: täglich außer Mo ab 16 Uhr, So ab 11 Uhr | **Tipp** Der Gegenspieler des heiligen Georg, der Drache, ziert das Wappen der Brauerei Wurm aus dem nahen Pappenheimer Ortsteil Bieswang.

80__ Bitter 42

Fränkisch herb

Kein anderer Bierstil spaltet die Freunde der berauschenden Gerstensäfte so sehr wie das Pils. Die einen halten es für das einzig Wahre, eine Perle der Natur und für schon immer besonders. Die anderen erklären, es wäre verantwortlich für die Monotonie am deutschen Tresen, unter der ihre Geschmackspapillen abzustumpfen drohen. Dabei muss ein Pils keineswegs langweilig sein. Mit ein wenig Braukunst lässt sich sogar die schlimme Behauptung widerlegen, dass dieser Biertyp bei den Leuten nur deshalb so gut ankommt, weil man mit jedem Kasten immer auch ein Stück Regenwald retten kann.

Wer eine Flasche »Bitter 42« der Brauerei Rittmayer in Händen hält, muss schon etwas genauer hinsehen, um sie als Pils zu identifizieren. Äußerlich grenzt sie sich bewusst von ihren Sortenbrüdern ab. Pils ist in Franken farblich codiert, es trägt grüne Etiketten. Das des »Bitter 42« aber ist blau. Klarheit schafft erst der kernige Satz, den Braumeister Georg Rittmayer auf die Flaschen hat drucken lassen: »Die endgültige Antwort auf die Frage nach dem wahren Pils.«

Der Bierstil Pils ist durch den intensiven Einsatz von Hopfen charakterisiert, er sorgt für den typisch herben Geschmack. Auf der Skala der Bitternis, den International Bitterness Units (IBU), erreicht ein deutscher Vertreter einen Wert zwischen 28 und 30. Zum Vergleich: Ein Märzen liegt bei um die 20. Georg Rittmayer legt noch einmal eine ganze Schippe drauf: 42 Bittereinheiten gönnt er seinem »endgültigen Pils« und verweist damit auch norddeutsche Großbrauereien auf die Plätze. Im Mund fühlt sich das »Bitter 42« dabei keineswegs so radikal an, wie es dieser Wert erwarten lässt. Es entpuppt sich als fruchtiges Aromenwunder. Tiefgründige Kräuternoten wechseln sich mit spritziger Zitrone ab und lassen sogar einer feinen Malzsüße Platz. Ein vielschichtiges Bier, dem bereits so mancher Nicht-Pilstrinker verfallen ist.

Adresse Brauerei Rittmayer, An der Mark 1, 91352 Hallerndorf, Tel. 09545/440940, www.rittmayer.de; Brauereigasthof, Trailsdorfer Straße 4, 91352 Hallerndorf, Tel. 09545/509214 | **Bierprofil** Traditionelle Sorten sind ein Landbier, ein Kellerbier, ein Märzen, mehrere Weizen, ein Rauchbier, der Haustrunk und zwei Bockbiere. | **Öffnungszeiten** Brauereigasthof: Di–Sa 17–23 Uhr, So 11.30–14 und 17–23 Uhr | **Tipp** Vorsicht, Verwechslungsgefahr! Auch im kleinen Ort Aisch gibt es eine Brauerei Rittmayer – und in Willersdorf den Landgasthof Rittmayer, der für sich ein eigenes Bier brauen lässt. Zu allem Überfluss tragen all diese Rittmayers dasselbe Familienwappen.

81_ Smokey George

Bier oder Whisky, das ist hier die Frage

Es gibt Biere, hinter denen verbergen sich kuriose Geschichten. Da wäre zum Beispiel die, wie die Gourmetsorte »Smokey George« entstand, für die die Brauerei Rittmayer aus Hallerndorf bei Forchheim 2015 beim internationalen Wettbewerb European Beer Star mit Gold prämiert wurde. An ihrem Anfang steht in der fränkischen Traditionsbrauerei ein Säckchen mit original schottischem Whiskymalz herum. Braumeister Georg Rittmayer ist Mitglied im »Most Honourable Order of the Highland Circle«, einem Nürnberger Whiskyclub, der jedes Jahr den Norden Großbritanniens bereist. Zum 15-jährigen Geburtstag der illustren Gemeinschaft vergor er die über Torf gedarrte Grundzutat eines schottischen Edelbrandes zu einem charakterstarken Rauchbier mit satten sieben Prozent Alkohol. Der erste Sud des »Smokey George« kam bei den Clubmitgliedern so gut an, dass Georg Rittmayer mehr davon brauen wollte. Aber wie an neues Whiskymalz herankommen?

Die Lösung war so einfach wie spektakulär. Für ihre alljährliche Expedition chartern die Whiskyfreunde üblicherweise einen Bus. Aber für die Rückreise besorgten sie sich diesmal Flugtickets, denn die Plätze wurden statt ihrer mit 50 Kilogramm schweren Malzsäcken besetzt.

Seine offizielle Premiere hatte das »Smokey George« dann auf der Braukunst live, der Leitmesse der Kreativbrauer in München. Es kam so gut an, dass die mitgebrachten Fässer bereits am Abend des ersten Tages leer getrunken waren. Die Nacht verbrachte Georg Rittmayer auf der Autobahn, um Nachschub zu organisieren.

Dabei darf man sich angesichts seines untypischen Geschmacks durchaus fragen: Ist der »Smokey George« noch Bier? Oder hat man es mit einem Single Malt im Biergewand zu tun? Die Trennung ist schwer zu ziehen. Zu präsent sind die torfigen, erdigen Aromen – so deutlich, dass Kenner schottischer Edelbrände sogar erkennen, für welche Whiskysorte das Malz eigentlich bestimmt war.

Adresse Brauerei Rittmayer, An der Mark 1, 91352 Hallerndorf, Tel. 09545/440940, www.rittmayer.de | **Bierprofil** Die Gourmetbier-Sorten der Brauerei Rittmayer sind das Bitter 42, das Bitter 58, der Smokey George, der Aischbüffel (dunkler Bock), ein Weizenbock und ein heller Bock. | **Öffnungszeiten** Zur Brauerei gehören zwei Biergärten: Gartenkeller am Ortsrand von Hallerndorf, Tel. 0175/8381367, Mai–Sept. werktags ab 16 Uhr, So und Feiertage ab 14 Uhr; Rittmayer-Keller auf dem Kreuzberg bei Hallerndorf, Tel. 09545/4554, Mai–Sept. Di–So ab 11.05 Uhr (bei Regen ab 15.05 Uhr), Okt.–April So und Feiertage ab 11.05 Uhr | **Tipp** Die Vergabe des European Beer Star ist der jährliche Höhepunkt der Messe BrauBeviale, die jeden November in Nürnberg stattfindet und für jedermann zugänglich ist.

82___Urbräu

Auf Sand gebaut

Es heißt, das Malz gäbe dem Bier seinen Körper, der Hopfen aber seine Seele. Und das Brauwasser? Obwohl das transparente Nass rein rechnerisch die Hauptzutat ist, gesteht ihr der Durchschnittsgenießer kaum bis keine Bedeutung zu. Im Gegensatz zum Braumeister. Denn je weicher es ist, desto besser gelingen ihm helle Biere. Bei hohen Härtegraden aber färbt sich der Sud bernstein-bräunlich, wird die Bitterkeit des Hopfens kratzig.

Weil sich die fränkischen Hausbiere in ihrer Machart nahezu gleichen, kann man sich bei einer geografisch geschickt zusammengestellten Gasthaustour einen Eindruck von den großen Unterschieden der lokalen Brunnen verschaffen. Startet man in der Fränkischen Schweiz mit ihren Karstböden, bekommt man Mahagonidunkles ins Glas gezapft. Fährt man dann nur ein paar Kilometer nach Osten ins flache, von der Pegnitz geschaffene Bamberger Becken und lässt sich dort in Roßdorf im Gasthaus der Brauerei Sauer nieder, hat man dann ein Strohblondes vor sich stehen. Seinen Beinamen »am Forst« verdankt der Ort seiner Nähe zum Hauptsmoorwald, einem ausgedehnten Bestand dürrer Kiefern, die auf eiszeitlichen Sanddünen wurzeln.

Während man droben in der Fränkischen Schweiz genau weiß, warum man mit dem Hopfen sparsam umgeht, können Vater und Sohn Christian Sauer, die sich neben dem Beruf des Brauers auch den Namen teilen, ungezwungen mit dem Gewürz des Bieres spielen. Ihr Wasser hat praktisch keine Härtegrade. Ihr »Urbräu«, das Paradebier ihrer 1784 gegründeten Familienbrauerei, sticht durch seine feine, einer großzügigen Doldengabe geschuldeten Blumenwiesen-Aromatik aus der Armada der Kellerbiere klar heraus. Es schmeckt angenehm knackig bitter. Da es unfiltriert ist, darf sich der Gaumen zudem an hefigen Fruchtaromen erfreuen. Kein Wunder, dass sich die Sauers 2011 beim internationalen Wettbewerb European Beer Star dafür Bronze geholt haben.

Adresse Brauerei Sauer, Sutte 5, 96129 Roßdorf am Forst, Tel. 09543/1578, www.brauerei-sauer.de | **Bierprofil** Urbräu (Kellerbier), Pils, Weißbier, Braunbier, saisonal: Bockbier | **Öffnungszeiten** Gasthaus mit Biergarten: Di–So ab 11 Uhr; Gasthaus und Biergarten am 100 Jahre alten Felsenkeller der Brauerei (nur bei schönem Wetter): Anfang April–Ende Sept. täglich ab 15 Uhr, So und Feiertage ab 11 Uhr, Anfang Okt.–Ende März Fr, Sa ab 16 Uhr, So ab 11 Uhr | **Tipp** Wer wissen will, wie sich Brauwasser und Bier geschmacklich zueinander verhalten, dem sei das Erlebniswirtshaus Liebesbier in Bayreuth empfohlen. Dort kann man sich »Maisel's Weisse« auch im Urzustand – als Wasser – bestellen.

83__ Rotbier

Der Stolz von Nürnberg

Wenn der Comedian Bembers, der in Nürnberg wie ein Messias verehrt wird, eine Bühne betritt, hat er immer einen Kasten Bier dabei. Er trinkt ihn gemeinsam mit dem Publikum. Bembers schwört auf Schanzenbräu.

Das Kultbier der Frankenmetropole entstand 2003 in einem Keller im angegammelten, heute schick sanierten Viertel Gostenhof. Dort heizte Stefan Stretz einen alten Waschkessel an, als wäre er ein Sudkessel. Freunden mundete das Ergebnis so gut, dass er im folgenden Jahr den Schritt in die Professionalität wagte.

Auch damals war Nürnberg zwar von Landbrauereien umzingelt, um deren Gerstensäfte ganz Deutschland die Franken beneidet. Aber in der Stadt selbst hatten die ungeliebte Brauerei Tucher und die von ihr einverleibten Marken Lederer, Patrizier und Zirndorfer die Zapfhähne und die Logenplätze in den Getränkemärkten fest im Griff. Zum Leidwesen von immer mehr durstigen Kehlen, die Gefahr liefen, in die Abstinenz abzugleiten, weil sie überall erzählten, sie würden die Industrieflüssigkeiten nicht mehr herunterbekommen. Dank ihnen gelang Stefan Stretz eine der steilsten Bierkarrieren der jüngsten Vergangenheit: In gerade mal zehn Jahren mauserte sich sein Hinterhofbetrieb zu einer der großen regionalen Privatbrauereien. Sein Helles erfüllt die Sehnsucht nach einem typisch fränkischen, handwerklichen Vollbier, das daheim in der Stadt entsteht. Sein Dunkles nährt den Stolz, dass die Frankenmetropole nicht nur die Monopolisierung des Bieres durch Tucher, sondern weit zuvor auch goldene Zeiten erlebt hat. Streng genommen ist es ein Rotbier – und heißt auch so. Stefan Stretz hat diesen sperrigen, in Nürnberg entwickelten und dort 1302 erstmals bezeugten Bierstil so moderat interpretiert, dass er auch Szenegängern schmeckt. Seine Version ist süffig: geeignet, um sich in die Bewusstseinsebene des geistigen Hinwegschwebens hinüberzutrinken.

Adresse Schanzenbräu, Adam-Klein-Straße 27, 90429 Nürnberg, Tel. 0911/93776790, www.schanzenbraeu.de; Lagerverkauf im Brauereineubau im Nürnberger Stadtteil Höfen, Proeslerstraße 3 | **Bierprofil** Rotbier, Helles, unregelmäßig Sonderbiere | **Öffnungszeiten** Brauereikneipe und Biergarten: Di – Fr 17 – 1 Uhr, Sa, So 11 - 1 Uhr; Lagerverkauf: Mo, Mi 16 – 19 Uhr, Fr 15 – 20 Uhr | **Tipp** Die Erlanger Privatbrauerei Kitzmann hat dem großen Fusionshunger von Tucher standhalten können und ihre Unabhängigkeit bis heute bewahrt.

84__Aecht Schlenkerla Eiche

Geräuchert für die Ewigkeit

Dass es beim Räuchern von Schinken nicht nur auf das Fleisch und die Gewürze ankommt, wissen Metzger schon lange. Auch das Holz ist wichtig. Grillfreaks schwören darauf, dass man seinem Steak mit Aromahölzern eine faszinierende Geschmacksnuance »hinzusmoken« kann. Nur beim Rauchbier scheint es nach wie vor ein Gesetz zu geben, das diktiert: Das Rauchmalz, dass das Bier so schinkig macht, darf allein mittels gut abgelagertem Buchenholz parfümiert werden.

Dass man an dieser Grundfeste der Rauchbierseligkeit zu rütteln beginnt, ist Brauern wie Matthias Trum zu verdanken, dem Inhaber der Bamberger »Heller Bräu« Trum, die der Volksmund unter einem anderen Namen kennt: Schlenkerla. Jedes Jahr zu Weihnachten beglückt er Bierfreunde aus nah und fern mit dem Starkbier »Aecht Schlenkerla Eiche«. Der schwere dunkle Doppelbock verdankt seine besonders fein ziselierte Raucharomatik der Tatsache, dass bei ihm das Malz über glimmendem Eichenholz gedarrt wurde. Abgesehen von ein paar Experimental-Bieren wie dem »Oaktoberweizen«, das der Bamberger Malzhersteller Weyermann für einen verschworenen Fankreis braut, ist die »Aecht Schlenkerla Eiche« dadurch einzigartig. Im Vergleich zum Märzen, dem Alltagsbier der weltberühmten Rauchbierbrauerei, zeigt die Eiche ein deutlich vielschichtigeres und dichteres Aromenspektrum: Trockenfrüchte, die holzig-trockenen Töne des Eichen-Rauchmalzes, eine hochsensible Hopfenbittere. Der für ein Rauchbier typische Schinkengeschmack ist freilich auch bei ihr ausgeprägt.

Kenner lagern ihre Eichen übrigens bis zu fünf Jahre ein. Sie schwören darauf, dass die Zeit das Bier mit seinen satten acht Prozent Alkohol weicher und runder macht. Wer nicht so lange warten will, kann sich auf der Homepage der Brauerei eine Flasche des Jahrgangs 2010 bestellen. Matthias Trum bewahrt sie in den tiefen Kellern der Brauerei unter dem Stephansberg.

Adresse Schlenkerla/»Heller-Bräu« Trum, Dominikanerstraße 6, 96049 Bamberg, Tel. 0951/56060, www.schlenkerla.de | **Bierprofil** Neben den Stammsorten gibt es folgende saisonal wechselnde Biere: Urbock (Oktober–November), Eiche (Dezember), Fastenbier (Aschermittwoch bis Ostern), Kräusen (Juni bis August). | **Öffnungszeiten** Gasthaus mit Biergarten: Mo–So 9.30–23.30 Uhr; in der Weihnachtszeit wird die Eiche im Braugasthaus aus dem Fass ausgeschenkt | **Tipp** Wer kräftige Rauchbiere mag, sollte sich bemühen, an das »Büchla« der Brauerei Meusel aus Dreuschendorf heranzukommen. Das ist freilich gar nicht so leicht. Es wird nur ab Brauerei oder im Heimdienst verkauft – und nur kastenweise.

85__Aecht Schlenkerla Märzen
Der Mythos aller Mythen

Wer in der Brauerei Schlenkerla in der Sandstraße kein Bier getrunken hat, der hat Bamberg nicht wirklich gesehen. In jedem Stadtführer ist das imposante Fachwerkgebäude als Highlight markiert, kein Tourist-Guide, der nicht vor ihm haltmacht, während sich drinnen Alteingesessene und Wahlfranken die immer knappen Plätze teilen. Aber nicht nur die Touristen fallen auf ein paar der berühmtesten Mythen rund um das berühmte Rauchbier, das »Aecht Schlenkerla Märzen«, herein.

Das Schlenkerla liegt gar nicht in der Sandstraße. Wo seine Pforte hineinlockt, ist die Bamberger Ausgehmeile noch nach einem ehemaligen Kloster benannt, das heute ein Teil der Wirtsstube ist. In der ehemaligen Kapelle der Dominikaner mit ihrem gotischen Gewölbe und einer imposanten Deckenmalerei versammelt man sich zum Essen und Trinken. Auch sitzt man dort »unten in der Stadt« gar nicht in der Brauerei. Das Schlenkerla wird am Stephansberg gesotten und in jahrhundertealten Sandsteinstollen gereift. Übertrieben dürfte sein, dass der historische Wirt Andreas Graser, dem das Schlenkerla seinen kuriosen Namen verdankt, durch einen Unfall mit einem Fass gehbehindert war. Eine alte Reimchronik weiß lediglich davon, dass er immer mit dem »Arm geschlenkert hat«.

Was aber keine Übertreibung ist: In der Gastwirtschaft wird das »Aecht Schlenkerla Märzen« wie eh und je aus schweren Holzfässern portioniert. Manch Stammgast wartet mit seiner Bestellung ab, bis der Zapfer ein neues Fass auf den Bock wuchtet und mit einem glänzenden Messinghahn ansticht. Und dass es kein Bier auf der weiten Welt gibt, das an das schwere, dunkle, satt rauchfleischige Aroma des »Aecht Schlenkerla Märzen« herankommt, ist sicher auch keine Übertreibung. Aber halt auch, dass manch Ungeübter drei Seidla braucht, bis ihm der flüssige Schinken mundet. Probieren ist ein Muss. Alles Weitere ist reine Geschmackssache.

Adresse Schlenkerla/»Heller-Bräu« Trum, Dominikanerstraße 6, 96049 Bamberg, Tel. 0951/56060, www.schlenkerla.de | **Bierprofil** Ganzjährig im Ausschank sind das Märzen und ein Rauchweizen. In der Flasche gibt es das Schlenkerla auch als Lager. | **Öffnungszeiten** Braugasthaus mit Biergarten: Mo–So 9.30–23.30 Uhr | **Tipp** Gleich nebenan lockt die Gasthausbrauerei Ambräusianum.

86 __ a fränkisch

Regionalstolz im Mund

Innerhalb des Vielvölkerstaats Bayern fühlt sich der Franke hintangesetzt, um nicht zu sagen: benachteiligt. Gefühlt liegt München mit seinen Geldtöpfen und Entscheidungsträgern für ihn bereits in einer anderen Galaxie.

Zwar kann sich auch der »Glubb«, wie das Patriotismusventil 1. FC Nürnberg liebevoll von seinen Anhängern genannt wird, noch immer nicht mit dem übermächtigen Bayern messen, aber dafür gewinnt man aus anderem mehr und mehr an Selbstbewusstsein. Beispiel: Was wäre das Bierland Bayern ohne die deutlich über 2.000 Gerstensäfte fränkischer Brauereien? Armselig!

Ein Stöffchen, das dieses neue fränkische Selbstbewusstsein ausstrahlt wie kein zweites, ist das »a fränkisch« von der Brauerei Schübel aus Stadtsteinach. Prall vor Stolz tragen die Flaschen auf dem Etikett das heimliche Landeswappen, den rot gezackten fränkischen Rechen vor weißem Hintergrund, groß zur Schau. Aber das »a fränkisch« gibt sich nicht nur optisch heimattreu. Auch die inneren Werte des unfiltrierten Kellerbiers sind urfränkisch. Seine Farbe ist eine Nuance überdurchschnittlich dunkel, sein Charakter typisch würzig. Dank seiner karamellmalzigen Aromen und seiner schön kernigen Hopfenbittere ein optimales Brotzeitbier oder kongenial zum Schäuferla.

Zum ersten Mal gebraut wurde das »a fränkisch« 2010 anlässlich des »Tags der Franken« in Kulmbach. Gefeiert wird dieser Nationalfeiertag seit 2006 – immer am 2. Juli beziehungsweise dem darauffolgenden Wochenende und auch in Südthüringen, wo man sich kulturell noch nie zu Erfurt, Weimar und Jena zugehörig gefühlt hat. Der offizielle Festakt wird jedes Jahr in einer anderen Stadt zelebriert, um die kulturelle Vielfalt zu betonen. Die Floskelhaftigkeit des letzten Halbsatzes verrät es: Organisiert wird das leider recht ideenarme Spektakel von den Bezirksregierungen. Egal, man kann es sich ja bunt trinken.

Adresse Brauerei Leonhard Schübel, Knollenstraße 12, 95346 Stadtsteinach, Tel. 09225/956482, www.schuebel-braeu.de | **Bierprofil** Pils, Florian-Trunk und a fränkisch (Helle), Nordeck-Trunk und Drachenseidla (Kellerbiere), Dunkles, Weizen, saisonal: zwei Bockbiere | **Öffnungszeiten** Direktverkauf im hauseigenen Getränke-markt: Mo – Fr 9 – 18 Uhr, Sa 8.30 – 13 Uhr | **Tipp** Jedes Jahr um den 24. April feiert der beschauliche oberfränkische Markt Presseck den dreitägigen Georgimarkt – mit einem eigenen Bier, dem ebenfalls von Schübel gebrauten Drachenseidla.

87_ Seinsheimer Kellerbier

Eine vorbildlich trübe Sache

Genussmenschen teilen Franken in zwei ungleich große Stücke: Die üppige Bierregion, die in etwa von Weißenburg bis Hof und von Bayreuth bis dorthin reicht, wo die Regnitz in den Main mündet. Im deutlich kleineren Weinfranken gehen Hopfen und Malz buchstäblich verloren, westlich von Schweinfurt gewinnen Winzer klar die Oberhand. Die legendäre fränkische Brauereidichte dünnt dort dramatisch aus. Bier wird zum raren und damit umso wertvolleren Gut.

Vielleicht ist dies die Erklärung, weshalb man entlang des Untermains zwar nur auf wenige, dafür aber umso genialere Brauereien stößt. Eine ist die Kellerbräu in Seinsheim, einem uralten Marktflecken, der sich nicht zu Unrecht den Beinamen Weinparadies gegeben hat. In den Kirchengaden, den weitläufigen und unterkellerten Speicher- und Schutzhäusern der mittelalterlichen Kirchenburg St. Peter und Paul, begeistert seit 2001 die kleinste Brauerei Unterfrankens mit fünf Sorten, von denen das Kellerbier besonders zu empfehlen ist. Warum Frank und Petra Engelhardt ausgerechnet dort aus ihrem Hobby einen Nebenberuf gemacht haben? Sie bekamen die magisch geheimnisvollen Gemäuer vererbt. Gebraut wird fast jeden Freitag, die genauen Termine werden auf der Homepage veröffentlicht. Nur an diesen Tagen ist es möglich, den beiden ihre Biere abzukaufen.

Wer Zeit mitbringt, kann über die Zubereitung der nächsten Füllung ihres Lagerkellers fachsimpeln und dabei ein Seidla genießen und Braugeruch einatmen. Satt, braun und schön steht das Kellerbier im Krug, mit stabilem Schaum und dichter Trübung! Ein Bild von einem unfiltrierten Lager. Und erst der Geschmack! Der Antrunk ist seidenweich. Die Malzigkeit kommt voll und rund, ist absolut stimmig in ihrer Süße und ihren leichten Röstaromen. Wüsste man es nicht besser, man würde das Seinsheimer Kellerbier für einen idealtypischen Gerstensaft aus der Fränkischen Schweiz halten.

Adresse Seinsheimer Kellerbräu, Oberes Tor 1, 97342 Seinsheim; Brauhaus: in den Kirchengaden am Rathausplatz, Tel. 09332/592719; www.seinsheimer-kellerbier.de | **Bierprofil** Seinsheimer Kellerbier, Sasemer Danzbier (unfiltriertes Helles), saisonal: Seinsheimer Rauchbier, Maibock, Weihnachtsbock | **Öffnungszeiten** an Brautagen (siehe Homepage) ab 16 Uhr; Brauseminare mit Frank Engelhardt für Gruppen auf Voranmeldung | **Tipp** Die namhafteste Brauerei in Weinfranken ist die Würzburger Hofbräu. Seit der Übernahme durch die Kulmbacher AG im Jahr 2005 hat ihr Ruf aber deutlich gelitten.

88 Schwarze Kuni

Die starke Kaiserin

Es gibt keine Frau, die in Franken mehr Spuren hinterlassen hat, als Kunigunde von Luxemburg. Vielerorts huldigen ihr bis zu 1.000 Jahre alte Linden, in deren Schatten gern bierselige Feste gefeiert werden. Durch ihre Hochzeit mit dem späteren Kaiser Heinrich II. hatte es die Adelsdame ins damals dünn besiedelte und noch immer heidnische »Bavaria Slavica« verschlagen. Im Jahr 1007 rang ihr Gemahl auf der Reichssynode in Frankfurt den deutschen Bischöfen die Gründung des Bistums Bamberg ab, für das Kunigunde auf ihr sicheres Witwengut verzichtete. Das danken die Franken dem Regentenpaar nicht erst seit dessen Heiligsprechung 1146 (Heinrich II.) beziehungsweise 1200 (Kunigunde), denn damit begann eine wirtschaftliche und kulturelle Blüte.

Die Brauerei Simon aus Lauf an der Pegnitz ehrt die »Königin und Jungfrau« auf eine ganz besonders schmackhafte Art und Weise. Berühmt ist die ursprünglich am Marktplatz, dem Herz der eleganten Altstadt, angesiedelte Braustätte eigentlich für ihr unglaublich süffiges Spezial, ein klassisch untergäriges Vollbier. 1930 zog man in die Vorstadt um, erst 1957 hatte man ein eigenes Sudhaus, bis dahin nutzte man das Kommunbrauhaus.

Der wahre Schatz der Brauerei Simon aber ist ein dunkler Weizenbock, die »Schwarze Kuni«. Vorsicht! Einzigartig an dieser sieben Prozent Alkohol starken Heiligenverehrung ist vor allem, dass man sie wie Weihwasser wegschlucken kann, denn der Gaumen findet nur einen Hauch alkoholischer Schärfe. Begeistert will er die tiefe Komplexität dieses Starkbiers erfassen und ausloten, und weil ihm dies mit nur einer, zwei, drei oder vier Halben nicht gelingen kann, verlangt er immer mehr. Im Mund fühlt sich die »Schwarze Kuni« an, als würden intensive Röstnoten, eine malzige Süße und eine breite Palette an Hefearomen miteinander Schafkopf spielen: Jeder will mit seinen Trümpfen glänzen – und keiner die traute Runde auflösen. Bis in alle Ewigkeit.

Adresse Brauerei Simon, Heroldstraße 12, 91207 Lauf an der Pegnitz, Tel. 09123/2323, www.brauerei-simon.de | **Bierprofil** Spezial (Vollbier), Helles, Weizen, Schwarze Kuni (Weizenbock) | **Öffnungszeiten** Brauerei-Getränkemarkt: Fr 15–17 Uhr, Sa 9–12 Uhr | **Tipp** Höhepunkt der Kunigundenverehrung in Lauf ist das Kunigundenfest mit Kirchweih auf dem Kunigundenberg und einem Umzug in historischen Trachten.

89__Kellerbier

Wo der Brauer auch Holz hackt

Etliches hat sich in den letzten Jahren bei der Sonnen-Bräu verändert, jenem Gasthaus im Herzen von Mürsbach, dem die Einwohner dieses schmucken Fachwerkdorfs den Vorzug geben. Der aufpolierte Biergarten und die modernere und vor allem ungemein praktische Umgestaltung des Gastraums sind untrügliche Zeichen, dass der Familienbetrieb einen Generationenwechsel eingeleitet hat.

Daniel Schmitt, der derzeit den Meisterkurs für Brauer besucht, hat sich entschieden, die 1868 gegründete Braustätte weiterzuführen. Vater Ralf will deshalb, dass kein Investitionsstau aufläuft. Außer an mancher Stelle im Brauhaus.

Dort hat sich am Grundsätzlichen ganz bewusst seit 150 Jahren so wenig verändert, dass von vorindustriellen Zuständen zu sprechen angebracht ist. Wie anno dazumal wird der Sudkessel auch heute mit Holz geheizt, und die Gärung geht nicht in hermetisch abgeschlossenen Stahltanks vonstatten, sondern noch immer in offenen Bottichen.

Eine solche Verweigerung moderner Technik fordert dem Brauer natürlich extrem viel Feingefühl ab. Etwa beim Steuern der Temperatur, mit der Wasser, Malz und Hopfen zwei Stunden lang – mal heißer, mal kälter – zur Würze verkocht werden.

Dass sich die Mühe lohnt, kann man schmecken. Vor allem das bernsteinfarbene Kellerbier, Flaggschiff der Brauerei, begeistert durch eine ursprünglich vollmundige Aromatik, eine dezent malzige Süße, eine mild bittere Note und eine Süffigkeit, die dem Führerschein leicht zur Gefahr wird. Da auch auf Filtration verzichtet wird, sind alle Aromastoffe enthalten, die Malz, Hopfen und Hefe mitgebracht haben. Im Getränkehandel sucht man es vergeblich. Biere der Sonnen-Bräu gibt es nur im Fass. Die Literflaschen, die in wenigen ausgewählten Beer-Stores im Kühlschrank auf Käufer warten, sind von Hand abgefüllt. Am selben Zapfhahn, aus dem sich das Untergärige auch in die Krüge der Gäste ergießt.

Adresse Sonnen-Bräu, Zaugendorfer Straße 4, 96179 Mürsbach, Tel. 09533/981017, www.sonnen-bräu.de | **Bierprofil** Kellerbier, Weizen, saisonal: ein Märzen (Frühjahr), Festbier (Herbst) und ein heller Bock (Winter); dank Daniel Schmitt neuerdings auch unregelmäßig experimentelle Raritäten | **Öffnungszeiten** Brauereigaststätte mit Biergarten: Di, Do ab 13 Uhr, Mi, Fr ab 12 Uhr, Sa, So ab 11 Uhr | **Tipp** Die Fischerbräu in Freudeneck, drei Dörfer südlich von Mürsbach, ist eine weitere kleine Familienbrauerei mit rustikalem Gasthaus und Biergarten.

90__Spalter Premium Pils-Nr. 1
Kommunalpolitisch vorbildlich

»In Spalt, in Spalt, da wer'n die Leut gar alt! Die können nix dafür, das liegt bestimmt am Bier!« Dass dieser historische Werbespruch stimmt, kann keiner garantieren. Er stammt von der Stadtbrauerei Spalt im Herzen des viertgrößten Hopfenanbaugebiets Deutschlands. Aber mindestens ein Körnchen Wahrheit steckt in ihm. Denn die Dolden, die dort seit Mitte des 14. Jahrhunderts geerntet werden, sind auch in der Pharmazie begehrt. Man nutzt sie als Mittel gegen Schlafstörungen, Verdauungsbeschwerden, Herz-Kreislauf-Probleme, Verstimmung und Nervosität. Angebaut werden unter anderem die regionalen Aromasorten »Spalter« und »Spalter Select«, die ihren Weg natürlich auch in die Gerstensäfte von Deutschlands letzter kommunal betriebener Brauerei finden.

Die rund 5.100 Einwohner der Stadt sind alle indirekt auch Brauereibesitzer. Seit einem Stadtratsbeschluss von 1879, kleine Sudhäuser unter seiner Regie zusammenzulegen, gehört es zum Tagesgeschäft des Bürgermeisters, die 300 Meter vom Rat- zum Brauhaus zu gehen, um dort – auch mit dem Gaumen – nach dem Rechten zu sehen. Wer es ihm zum Beispiel bei einer Brauereiführung nachtun will, sollte sich unbedingt das »Pils-Nr. 1« gönnen. Bei ihm darf der Spalter Aromahopfen nämlich so richtig zeigen, was er kann.

Schon vor dem Trinken hat man seine feinen grasigen Noten in der Nase. Mhm! Dann, auf der Zunge, verbinden sich ein grazil schlanker Malzkörper, eine blumig-würzige Wiesenaromatik und eine filigrane Bittere zu einem hervorragenden Pilsner Bier. Das kann man stilecht aus der Tulpe genießen – oder lässig aus der 0,3-Liter-Flasche schlürfen. Es schmeckt in jeder Situation, sofern es nicht zu kalt ist und die Trinktemperatur um die acht Grad Celsius liegt. Wegen seiner runden Aromatik ist das »Pils-Nr. 1« gerade bei der Damenwelt beliebt. Ob deshalb die Lebenserwartung beim weiblichen Geschlecht statistisch höher ist …?

Adresse Stadtbrauerei Spalt, Brauereigasse 3, 91174 Spalt, Tel. 09175/79610, www.spalter-bier.de | **Bierprofil** etwa 20 Sorten, darunter Vollbier, Zwickl, zwei verschiedene Pils, helles, dunkles und leichtes Weizen sowie Bockbiere | **Öffnungszeiten** Mo–Do 7–12 und 13–15.30 Uhr, Fr 7–12 Uhr, Brauereiführung für Gruppen auf Anfrage | **Tipp** In Spalt gibt es mit dem HopfenBierGut ein Museum, das sich ganz dem Hopfenanbau und dem Brauen widmet. Dort werden auch Bierseminare und Braukurse angeboten.

91___Räuberchen Blond

Dem fällt man gern in die Hände

1958 verzückten Liselotte Pulver und der Komiker Wolfgang Neuss das deutsche Kinopublikum mit der Komödie »Das Wirtshaus im Spessart«, der Verfilmung der gleichnamigen Novelle von Wilhelm Hauff (1802–1827). Seither wird das Mittelgebirge, das die Franken von den Hessen scheidet, das Klischee nicht mehr los, es würde nur aus romantischen Schlösschen und dunklen Wäldern bestehen, in denen Räuberbanden brave Bürger foppen.

Greift man nach einem Fläschchen Bier der Kreuzwertheimer Spessart Brauerei, wird klar, dass die Region auch gar nicht anders gesehen werden will. Das Etikett der Bierspezialität »Räuberchen« zeigt einen solchen, wie er sich von einer Kellnerin mit drallem Busen Nachschub bringen lässt. Weil sie in zwei Geschmacksrichtungen gebraut wird, hat der Illustrator des Ein-Bild-Comics die ins Bild gesetzten Krüge auch verschiedenfarbig gefüllt. Das Räuberchen gibt es in Schwarz, die Brauerei selbst bezeichnet diesen Kumpan als ein dunkles Pils – und das trifft es auf den Punkt. Noch gefährlicher ist sein goldschopfiger Gefährte.

Das »Blond« ist mit einer derart charmanten Süffigkeit gesegnet, dass man darum bettelt, von ihm gefesselt und entführt zu werden, und ihm vorzuschlagen geneigt ist, dass es sich auf diesem Weg doch ein ordentliches Lösegeld verdienen könne. Vorsicht: Die Summe, mit der man sich beim Wirt dann freilich leider selbst wieder freikaufen muss, könnte entsprechend der enormen »Drinkability« eine hohe werden. Malzig ist es und auf eine Art und Weise gehopft, dass die Bitterstoffe des Gewürzes des Bieres durstanregend wirken.

Die Spessart Brauerei, deren wechselvolle Geschichte bis ins Jahr 1741 zurückreicht, liegt direkt am Ufer des Mains. Bäume beschützen sie vor den neidischen Blicken, die ihr die badenwürttembergischen Wertheimer über den Fluss zuwerfen. Denn in der Mitte des Stroms ist das Bierparadies Franken zu Ende.

Spessart Specht

NUR ECHT MIT DEM SPECHT

Adresse Spessart Brauerei, Junkergasse 2, 97892 Kreuzwertheim, Tel. 09342/85700, www.spessart-specht.de | **Bierprofil** Räuberchen hell und dunkel, Pils, Export, Goldspecht (Helles), Weizen | **Öffnungszeiten** Direktverkauf: Mo–Do 8–12 und 13–16 Uhr, Fr 8–11.30 Uhr | **Tipp** Ein Stück mainabwärts, in Großostheim, informiert das Bachgau-Museum in einer eigenen Abteilung über die Geschichte des regionalen Brauwesens.

92 Lager

Nur einen Hauch verraucht

Es gibt Städte, in denen gehen die Touristen mit gebeugtem Haupt, um ein kunstvoll verlegtes Straßenpflaster zu bewundern. In anderen sind ihre Augen auf Schaufensterhöhe. Und in Bamberg? Dort ist zu beobachten, dass Menschen, die einen Stadtführer in der Hand halten, außergewöhnlich oft ihren Kopf in den Nacken legen – speziell dann, wenn sie vor einem der zahllosen historischen Gasthöfe stehen.

Zum Beispiel vor dem äußerlich bescheidenen Fachwerkjuwel der Brauerei Spezial. An diesem zieht ein besonders kunstvoll geschmiedetes Exemplar eines Brauereiauslegers die Blicke himmelwärts. Vom stolzen Adler und einem nicht weniger majestätischen Löwen bis hin zur in Gold gefassten Himmelskönigin Maria reicht sein Figurenschmuck. Und natürlich darf auch ein sechszackiger Stern, das Symbol der Brauer, nicht fehlen.

Zu lange sollte man sich von seiner Schönheit aber nicht aufhalten lassen, denn der wahre Schatz des Hauses wartet drinnen in der unkapriziösen, eng bestuhlten, dabei aber urgemütlichen Wirtsstube. Das bernsteinbraune Rauchbier mit der schlichten Bezeichnung »Lager«, weltberühmt und einer der Gründe für Bambergs Stellung als Top-Destination des globalen Biertourismus, ist im Vergleich zu seinem noch berühmteren Vetter, dem Schlenkerla, ein feinsinnig milder Geselle. Keine Spur jenes Schinkenaromas, das viele mit diesem Biertyp gleichsetzen (einem, der Name sagt es, mit geräuchertem Malz gebrauten). In der Version des Spezial verleiht die außerhalb Frankens nur höchst selten gebräuchliche Zutat dem Trunk eine rätselhafte, magische, die Gaumenknospen öffnende Würzigkeit. Daher ist das Lager auch für Neugierige hochkompatibel, für die ein Brotzeitschinken aufs Brot gehört. Nachbestellt wird es übrigens stumm: einfach den Krug neben den Bierdeckel stellen. Gebraut wird im Spezial seit 1536 – und das Rauchmalz kommt noch immer aus eigener Produktion.

Adresse Brauerei Spezial, Obere Königstraße 10, 96052 Bamberg, Tel. 0951/24304, www.brauerei-spezial.de; der Biergarten des Spezial, der »Spezi-Keller«, liegt am anderen Ende der Altstadt auf dem Stephansberg (Sternwartstraße 8, 96049 Bamberg, Tel. 0951/54887) | **Bierprofil** Lager (Rauchbier), Märzen (Rauchbier), Weizen (Rauchbier), Ungespundetes (kein Rauchbier), saisonal: Bockbier | **Öffnungszeiten** Braugasthaus: So–Fr 9–23 Uhr, Sa 9–14 Uhr | **Tipp** Bambergs zweifelsohne schönster Biergarten, der Wilde Rose Keller, liegt wie der des Spezial auf dem Stephansberg.

93_Heller Bock

Kraftvoll wie die Frühjahrssonne

Der Staffelberg gilt als der Berg der Franken. Schließlich hat Victor von Scheffel die hinter dem Kurort Bad Staffelstein steil aufragende, hoch über dem Maintal thronende Landmarke in seinem berühmten »Wanderlied« so treffend besungen, dass man das Gedicht heute nur noch als »Frankenhymne« kennt. Wer einmal oben auf dem Gipfelplateau stand, auf das sich die Kelten eine Festung gesetzt hatten und dessen kleines Wirtshaus an manchem Tag dem Durst der Wanderer nicht Herr zu werden vermag, kann der berühmten Zeile »Ich wollt, mir wüchsen Flügel« nachfühlen. Kilometerweit kann der Blick über die Landschaft schweifen. Und nicht nur die Vögel, auch Drachenflieger könnten die Aufwinde, die sich vor seinem Abhang aufstauen, gut für sich nutzen, wäre das potenzielle Absprungareal kein Naturschutzgebiet.

In den Höhlen des Staffelbergs sollen dereinst Zwerge gehaust haben und sich heimlich von den Sonntagsklößen der Bauern ernährt haben. Die putzigen Kerlchen zieren das Wappen und die Bierflaschen der Staffelberg Bräu, die seit 1856 am Fuß der Erhebung dafür sorgt, dass kein Gipfelstürmer verdursten wird, und die in den letzten Jahren immer wieder durch Prämierungen auf sich aufmerksam macht.

Preisgekrönt ist auch jener Trunk, dessen Genuss sich erst nach der Rückkehr vom Gipfel empfiehlt, denn er ist gefährlich stark. Der Helle Bock ist ein klassischer Maibock. Mit »nur« 16,5 Prozent Stammwürze und sieben Prozent Alkohol ist er zwar im Vergleich zu einem Pendant aus der kalten Jahreszeit ein Leichtgewicht, aber man sollte trotzdem keinen Erschöpfungsdurst mit ihm stillen. Im Antrunk zeigt er sich weich mit einem frühlingshaften Hopfenaroma, das im Mund an Intensität zulegt und in einer ausgewogenen Bitternis gipfelt. Das ist mehr als nur gut und hat 2015 vollkommen zu Recht mit einem Bierstern in Bronze die Tradition der erfolgreichen Loffelder Starkbiere weitergeführt.

1856

Staffelberg Bräu

Loffeld/Staffelstein

Adresse Staffelberg Bräu, Mühlteich 7, 96231 Bad Staffelstein-Loffeld, Tel. 09573/5925, www.staffelberg-braeu.de | **Bierprofil** Pils, Landbier hell, Dunkles, Märzen, Weizen, Rotbier, Rauchbier, saisonal: Heller Bock, Sommerbier, Festbier, Doppel-Bock hell | **Öffnungszeiten** Braugasthaus mit Biergarten: Di–So ab 10 Uhr, Mo nur in der Hauptsaison | **Tipp** Auch der benachbarte, von einer Kapelle gekrönte Gipfel des Veitsbergs ist ein lohnendes Ausflugsziel. Zu seinen Füßen, in Ebensfeld, lockt das Gasthaus der Brauerei Leicht mit einem wunderbaren Landbier.

94 Doppel-Hopfen Premium Pils

Blondine mit Biss

Fränkische Brauereien sind ja für so manches bekannt und berühmt. Aber ganz sicher nicht für eines: knackig herbe Biere. Die typisch deutschen Pilsner, so die landläufige Meinung, die bekommen nur die Nordlichter hin. Stimmt. Zumindest fast. Dabei verteilten sich in einem weitläufigen Teil der Region lange Zeit wichtige Anbaugebiete für die alles entscheidende Zutat: den Hopfen. Für Nürnberg war der Handel mit dem grünen Gold so bedeutend, dass die Speicher der Stadt Ende des 19. Jahrhunderts aus allen Nähten platzten und die Straßen als Lager mit genutzt werden mussten.

Ist es ein Zufall, dass eines der wenigen wirklich stilechten Pilsner deutschen Typs, die in der Region gebraut werden, in Frankens hohem Norden zu Hause ist? Seit dem Jahr 1900 stillt die Familie Stelzer den Durst des Dörfchens Fattigau. Der heute gerade einmal 160 Köpfe zählende Ort, der seit 1972 zu Oberkotzau gehört, war vom 14. bis ins 18. Jahrhundert ein strategisch wichtiger Versorgungs- und Verwaltungssitz des Adels. Das erklärt die beim Anblick der Siedlung etwas hochtrabend wirkende Bezeichnung Schlossbrauerei.

Im Braukeller, dem verpachteten, 1996 nicht wirklich stilsicher modernisierten Braugasthaus, könnte man gleich drei Blondinen vor sich hinstellen lassen, die auf den Nachnamen Pils hören. Das »Schloss-Pils« ist ein dezent gehopftes, das »Zwickl-Pils« ein unfiltriertes. Diese beiden entsprechen dem, was man als fränkische Interpretation in etlichen Brauereien ins Glas bekommt. Sensationell hingegen in Bezug auf das, was bei den Anwendern plattdeutscher Dialekte zählt – steife Frische, Biss und herbe Aura –, ist die Dritte im Bunde, das »Doppel-Hopfen«. Bereits der Geruch verspricht, was der deutsche Gaumen vom statistisch am häufigsten bestellten Gerstensaft erwartet: So viel Bitterkeit, dass es ihm grasig grün um die Geschmacksknospen wird.

Adresse Schlossbrauerei Stelzer, Hauptstraße 3, 95145 Oberkotzau-Fattigau, Tel. 09286/6260, www.schlossbrauerei-stelzer.de; Landgasthof und Hotel Braukeller, Hauptstraße 9, 95145 Oberkotzau-Fattigau, Tel. 09286/95020, www.braukeller-fattigau.com | **Bierprofil** Bio-Perle (Helles), Ritter-Trunk (Dunkles), Schloss-Pils, Doppel-Hopfen (Pils), Zwickl-Pils, Schloss-Export, Urtyp Hell (Vollbier), Weizen, Zoigl, Leichtbier, saisonal: Festbier und Bock | **Öffnungszeiten** Direktverkauf: Mo–Fr 7.30–18 Uhr, Sa 7.30–14 Uhr; Braukeller: Mo 8–21 Uhr, Di Ruhetag, Mi–Fr 8–22 Uhr, Sa 10–22 Uhr, So und Feiertage 10–21 Uhr | **Tipp** Wie die Schlossbrauerei Stelzer hat die Nähe zur Oberpfalz auch die Brauerei Nothhaft im 45 Kilometer entfernten Marktredwitz angeregt, einen für diesen Landstrich typischen Zoigl zu brauen.

95 Kellerbier

Wir möchten niemals auseinandergeh'n

Es gibt Biere, die sind im wahrsten Sinne des Wortes Botschafter für die fränkische Bierkultur. Das Kellerbier der Buttenheimer St. Georgen Bräu ist eines von ihnen. Seine ganz große Klasse ist auch dem ProBier-Club aufgefallen, einem vielköpfigen Kreis bekennender Feinschmecker, die es im April 2016 zu ihrer Sorte des Monats ernannten. Urig, rotgolden und stilvoll trüb füllt es den Krug. Es schmeichelt der Nase mit deutlichen Malzaromen und füllt den Mund mit kernigen, brotigen Noten, die zum Nachhall hin an Herbe zulegen. Natürlich ist auch dieses Kellerbier niedrig gespundet, wie der Fachmann sagt, hat also weniger Kohlensäure als andere Biere. Das ist typisch für die fränkischste aller Biersorten und trägt zu ihrer Süffigkeit bei.

Will man diesen flüssigen Schatz standesgemäß genießen, muss man sich nach Buttenheim auf den Keller, den Biergarten der 1624 gegründeten Brauerei, begeben. Denn der von Bäumen beschattete Ort, an dem das Bier in alter Zeit wohltemperiert für den Sommer eingelagert wurde und von dem aus der Blick über seinen Geburtsort schweift, ist sein natürliches Habitat. Dort fühlt es sich im urigen Steingutkrug am wohlsten. Dort strahlt es eine Ruhe und Gelassenheit aus, die die Gäste ansteckt und festhält. Wer in Buttenheim sitzt, will von dort nicht wieder weg ...

Dass dem nicht immer so war, davon erzählt das örtliche Levi-Strauss-Museum. Es ist Löb Strauss gewidmet, dem Erfinder der Jeans, der 1829 in Buttenheim geboren wurde. Nach dem Tod des Vaters 1846 und der darauffolgenden wirtschaftlichen Not der Familie wanderte seine Mutter mit den Kindern in die USA aus, wo Löb zu Levi wurde und auf die geniale Idee mit den Nieten an den Hosen kam. Fast möchte man sagen: Gott sei Dank machte er seine Erfindung dort und nicht in Buttenheim. Mit einer Jeansfabrik im Blick säße es sich auf den Buttenheimer Bierkellern nur halb so entspannt.

Adresse St. Georgen Bräu, Marktstraße 12, 96155 Buttenheim, Tel. 09545/4460, www.georgenbraeu.de; St. Georgen Bräu Bierkeller, Kellerstraße, 96155 Buttenheim; Levi-Strauss-Museum, Marktstraße 31–33, 96155 Buttenheim, Tel. 09545/442602, www.levi-strauss-museum.de | **Bierprofil** Pilsner, Helles, Kellerbier, Landbier, Märzen, Levi Buttenheimer Urstoff, Weizen, saisonal: Annafest-Bier, dunkler Doppelbock, heller Bock, Festbier, Buttenheimer Hopfenzupfer | **Öffnungszeiten** Braugasthaus: täglich ab 11 Uhr; Bierkeller: April–Sept. bei gutem Wetter Mo–Sa ab 14 Uhr, So, Feiertage ab 11 Uhr; Levi-Strauss-Museum: Di, Do 14–18 Uhr (Nov.–Feb. 14–17 Uhr), Sa, So, Feiertage 11–17 Uhr | **Tipp** Gleich neben der St. Georgen Bräu liegt die Lokalkonkurrenz, die Buttenheimer Löwenbräu. Zu ihr gehört ebenfalls ein Biergarten, der am Ortsrand vis-à-vis des St. Georgen Kellers zu finden ist.

96__Märzen

Bierkeller mit Holzfass

Die Obrigkeit hat sich schon immer etliches einfallen lassen, um ihre klammen Kassen zu füllen. 1797 zum Beispiel gewährte die Regierung von Ansbach die Konzession, in Wettelsheim Bier zu brauen – um sie sogleich für 4.700 Gulden zu versteigern. Weil dem glücklichen Besitzer, der sich sogleich eine Braugaststätte baute, das Glück nicht lange hold blieb, kam sie 1820 erneut unter den Hammer. Auch die neuen Eigentümer der Wettelsheimer Brauerei gerieten in finanzielle Turbulenzen. So kam sie 1874 in die Hände des Braumeisters Johann Michael Strauß.

Seither trägt sie dessen Familiennamen – und vor allem: Seither läuft sie!

Auf Bierfreunde aus nah und fern besonders magnetisch wirkt der Biergarten, der etwas außerhalb der Ortschaft liegt. Er ist einer von wenigen Kellern, die das Attribut »echt« verdienen, denn der Bräu nutzt die 1893 mit einem privaten Sommerhaus gekrönten, in den Berg gebauten Gewölbe wie eh und je, um 100 Liter große Holzfässer zu kühlen. Aus diesen wird sein süffiges rot schimmerndes Märzen für die Gäste portioniert. Kenner schwören darauf, dass die Reifung dieses zutiefst traditionellen Biertyps in einem gepichten Eichenfass den würzigen Charakter noch deutlicher herausarbeitet.

Das stimmt, ist aber nicht der wahre Grund, weshalb der früher nur in den Wintermonaten – bis März – gebraute Trunk in Wettelsheim ganz besonders mundet. Anders als es bei den Flüssigkeiten Standard ist, die uns die Fernsehwerbung als Premium verkauft, verzichtet Karl Strauß auf eine Kurzzeiterhitzung und Pasteurisierung. Was dies geschmacklich bedeutet, versinnbildlicht der Vergleich einer Tomate aus dem eigenen Garten mit einer aus den Niederlanden. Von den urigen Holzfässern darf man sich nicht täuschen lassen: Die Brauerei Strauß hat eine der modernsten Brauanlagen der Region, aus der Flasche schmeckt ihr Märzen ebenso.

Adresse Brauerei Strauß, An der Rohrach 17, 91757 Treuchtlingen-Wettelsheim, Tel. 09142/8389, www.wettelsheimer.de; Wettelsheimer Keller, Treuchtlinger Straße 26, 91757 Treuchtlingen-Wettelsheim, Tel. 09142/7740, www.wettelsheimer-keller.de | **Bierprofil** Helles, Pils, Wet (Premium-Pils), Märzen, saisonal: heller und dunkler Bock | **Öffnungszeiten** Wettelsheimer Keller: Mai–Sept. Do–So 10 Uhr–Sonnenuntergang, Juli, Aug. zusätzlich auch Mo–Mi ab 16 Uhr | **Tipp** Lange Zeit war es üblich, dass Kinder von Brauereifamilien ebensolche ehelichen. 1933 heiratete Karl Strauß in die Brauerei Fischer aus dem nahen Wieseth ein, die ausschließlich untergärige Biere braut.

97_Nothelfer Trunk Export
Geheiligt gut

Auch in Franken gibt es Biere, über die müsste man eigentlich gar nichts schreiben, denn jeder hat sie bereits im Mund gehabt und mit einem »Wunderbar!« gelobt. Einer dieser weltbekannten Gerstensäfte trägt ein Versprechen im Namen, das zu formulieren man sich erst einmal trauen muss: »Nothelfer Trunk Export«. Nein, er wurde nicht von einer pfiffigen Werbeagentur kreiert, die auf das Absatzpotenzial der Weisheit setzte, dass man einen Kater am besten mit einem Konterbier vertreibt. Solch eine durchdachte Marktorientiertheit ist dem Franken fremd. Bei ihm werden die Biernamen noch auf unbefleckte Art gezeugt.

Trunk, so heißt die Familie, die 1989 begann, eine verfallene, fast 200 Jahre alte Brauerei zu neuer Blüte zu führen. Die Sudstätte, das Gasthaus und der idyllische Biergarten liegen keinen Steinwurf von der Basilika Vierzehnheiligen entfernt, der wohl schönsten Wallfahrtskirche Frankens. An genau der Stelle, an der Balthasar Neumann ab 1743 die meistbestaunte Rokokokirche Nordbayerns errichtete, waren 1445 einem Hirten Jesus und die 14 Nothelfer erschienen – und als man wenige Tage später eine kranke Magd dorthin brachte, wurde sie gesund.

Heute ziehen die Legende, die Basilika und die ursprünglich zur Stärkung der Wallfahrer gedachte Brauereiwirtschaft jedes Jahr eine halbe Million Besucher aus nah und fern in ihren Bann. Die meisten von ihnen sitzen deutlich länger und mit der sichtbar größeren Inbrunst auf den Bier- als in den Kirchenbänken. Es könnte dem schweren, malzigen Charakter des dunklen Exports geschuldet sein, das so verspielt und verschnörkelt ist wie die Putten, die nebenan im Gotteshaus den Hochaltar umflattern. Der milde Antrunk schmeichelt der Zunge, die immer deutlicheren Röstaromen lassen den Durst auf mehr anschwellen. Es schmeckt, wie die Choräle der Wallfahrer klingen, die vom Tal hinaufziehen. Halleluja, amen!

Adresse Brauerei Trunk, Vierzehnheiligen 3, 96231 Bad Staffelstein, Tel. 09571/3488, www.brauerei-trunk.de | **Bierprofil** Nothelfer Trunk Export, Helles, Pils, Lager, Bio-Weizen, saisonal: Fastenbock, Scheffeltrunk, Kellerbier, Erntebier, Silberbock und Festbier | **Öffnungszeiten** Brauereigasthaus und Biergarten: Mo–So 10–20 Uhr; Direktverkauf: Mo–Fr 7–20 Uhr, Sa, So 9–20 Uhr, Brauereibesichtigung für Gruppen auf Voranmeldung | **Tipp** Im nahen Nedensdorf serviert die 400 Hektoliter Jahresausstoß kleine Gasthausbrauerei Reblitz ein exquisites Dunkles.

98__Grüner Vollbier Hell

Ich bin wieder da!

Schließt ein Sudhaus, verliert eine Stadt immer auch ein Stück ihrer Identität. Dementsprechend traurig waren die Fürther, als 1977 die Grüner Brauerei auf ewig die Werkstore schloss. Seit 1862 war ihr »Vollbier Hell« das Seidla, das dem großen Heer der Arbeiter schmeckte. Die Grüner AG war der größte von fünf Fürther Bierproduzenten, 2.300 Hektoliter setzte sie in ihren besten Zeiten ab. Auch in die USA. Dass man sie dort kannte, mag mit ein Grund gewesen sein, weshalb die US-Army 1945 diese Braustätte zur einzigen in ihrer Besatzungszone erklärte, die vorerst ausschließlich den Durst der GIs zu stillen hatte.

Nachdem die Grüner Brauerei während des Wirtschaftswunders selbst einen Konkurrenten geschluckt hatte, gelang es der Vorläufer-Gesellschaft der heute im Oetker-Konzern aufgegangenen Nürnberger Tucher Bräu, 1972 die Aktienmehrheit zu übernehmen. Ziel: Grüner vom Markt zu nehmen. Für die Fürther Seele war das ein schwerer Schlag. Wo sie mit den Nürnbergern ohnehin eine liebevoll gehegte Feindschaft pflegen.

Woher kam der Sinneswandel, dass das Grüner 2011 von ebenjener Tucher Bräu neu aus der Taufe gehoben wurde? Offiziell fand man beim Entrümpeln das Originalrezept, las es mit Begeisterung – und eine Erfolgsgeschichte nahm ihren Lauf. Inoffizieller Grund war, dass das Bier mit Tucher-Etikett bei den Fürthern desaströs schlecht ankam. In Windeseile mauserte sich das schnörkellose, weder besonders malzige noch besonders intensiv gehopfte, im positiven Sinn absolut durchschnittliche und deshalb damals wie heute so beliebte Blonde zum Kult-Bier einer Stadt. Als wäre nie etwas gewesen.

Nur den alten Slogan, »Beliebt, bekannt, bekömmlich«, den durfte man nicht mit in die Gegenwart hinübernehmen. Weil Bier nicht mit Gesundheitsaussagen beworben werden darf. Die ersten Kästen und Gläser, auf die er 2011 gedruckt worden war, mussten allesamt vernichtet werden.

Adresse Grüner – eine Marke der Tucher Bräu, Tucherstraße 10, 90763 Fürth, Tel. 0911/97760, www.gruener-bier.de | **Bierprofil** Vollbier Hell, in der 0,33-Liter-Flasche »Grünerla« genannt. »Grüner Naturtrüb« exklusiv im Grüner Brauhaus in der Comödie Fürth, Theresienstraße 1, 90762 Fürth | **Tipp** Bevor das Grüner Fürth zurückeroberte, trank man dort bevorzugt das malzig-süßliche »Zirndorfer Landbier«. Die Zirndorfer Brauerei wurde in der NS-Zeit von der Grüner AG geschluckt und gehört seit 1972 ebenfalls zu Tucher.

99_Lagerbier

Dorfidyll mit Schweinernem

Der Himmel auf Erden, das ist der Ort, an dem die beiden Grundsubstanzen der fränkischen Ernährung, das Bier und das Schweinerne, niemals ausgehen können. Es gibt ihn tatsächlich! Mitten im 500 Einwohner kleinen Uetzing, einer Eingemeindung des oberfränkischen Städtchens Bad Staffelstein. Allerdings umfasst er nur knapp drei Quadratmeter.

So viel Platz nimmt die Biertischgarnitur ein, an der Manfred, »Manni«, Reichert die Gäste seines Hauses bewirtet. In Personalunion betreibt er drinnen drei Institutionen, dank derer sich immer irgendjemand niederlässt, um sich nach dem neusten Klatsch zu erkundigen. Manfred Reichert hält nicht nur den Dorfladen am Leben, für Hungrige belegt er Weckla (= Brötchen) mit der Wurst seiner eigenen Landmetzgerei, und seit einigen Jahren serviert er ihnen auch das bernsteinfarbene, grundsolide traditionelle Lagerbier seiner Metzgerbräu.

Wie man Bier macht, hat er sich selbst beigebracht. Begonnen hat alles 2002 mit einem Buch übers Hobbybrauen. Die ersten Sude setzte er nach getaner Arbeit im Wurstkessel an. 2004 wurde aus dem Privatvergnügen ein offizielles drittes Standbein – und das Geschäft mit dem Bier brummt. So gut, dass Manfred Reichert 2012 in eine ansehnliche Brauanlage mit Edelstahltanks und eigener Flaschenabfüllung investierte. 50 bis 100 Liter gehen pro Tag allein über die kleine Theke seiner Ladenkuriosität. Sein Klassiker, das fast schon braune »Lagerbier«, besticht durch angenehme Röstaromen. Die erhält es von einem für ein Landbier ungewöhnlich dunklen Malz. Die Süße ist fein, aber deutlich, die Bittere des Hopfens federleicht wie eine Ballerina. Typisch fränkisch eben. Aber auch den gewissen Tick nonkonform und modern, den der Kenner verlangt, wenn er mit der Zunge schnalzen soll. Ach ja: Im Winter, wenn keiner draußen sitzt, einfach mutig in den Keller-Dorfladen eintreten – er dient auch als Eckkneipe!

Adresse Uetzinger Metzgerbräu, Stublanger Straße 2, 96231 Bad Staffelstein-Uetzing,
Tel. 09573/6304, www.metzgerbraeu.com | **Bierprofil** Lagerbier, Bockbier, das Weizen wird
aus Kapazitätsgründen vorläufig nicht mehr gebraut | **Öffnungszeiten** Mo–Fr ab 6.30 Uhr,
Wursttheke bis 18 Uhr, Bierausschank bis 20 Uhr, Sa 6.30–18 Uhr oder nach Vereinbarung,
So Ruhetag; Gruppen können dem Braumeister nach Voranmeldung bei der Arbeit zusehen
und bekommen eine hausgemachte Brotzeitplatte serviert | **Tipp** Die einst für Franken
typische Einheit von Brauerei und Metzgerei ist selten geworden. Im traditionellen Original
bietet sie zum Beispiel noch die Brauerei Kraus in Hirschaid bei Bamberg.

100— Schokobär

Komm, sei mein Knuddeltier!

Wenn man als Neuer die Freunde aufwendiger, edler und entsprechend teurer Craft Beers für sich gewinnen will, sollte man sich an folgenden Masterplan halten:

1. Lerne dein Handwerk im Mutterland der Gourmetbiere, den USA, oder style dich zumindest wie ein Foodtruck-Rebell.

2. Gib deinem Bier und deiner Brauerei coole Namen, die kapitalismusfeindlich und – obwohl sie deutsch sind – nach Free Hugs und Urban Gardening klingen.

3. Braue ein Bier mit sehr viel Hopfen, am besten ein India Pale Ale. Nichts erregt die »Craft Beer Community« mehr als dieser extrem bittere Biertyp, der sich trinkt, als würde man sich ein Füllhorn an Fruchtaromen in den Mund kippen.

Aber es geht natürlich auch anders. Mit seiner Kreativbiermarke VETO befindet sich Ralph Hertrich aus Feucht bei Nürnberg seit deren Gründung Ende 2015 im Steilflug. »Gegen Massenbierhaltung«, lautet sein Slogan. Die Jury des Meininger International Craft Beer Award 2016 war von seinem nachtschwarzen Stout, das auf den gemütlichen Namen »Schokobär« hört, so begeistert, dass sie ihm flugs eine Goldmedaille anheftete. In der sieben Prozent Alkohol starken, flüssigen Praline stecken fünf Malze und – wie sich das für ein Stout gehört – auch Hafer- und Gerstenflocken. Nimmt man einen Schluck, glaubt die Zunge, man hätte ein Stückchen Edelschokolade auf ihr abgelegt, das sogleich zu schmelzen beginnt. Exaltierte Mokka-, Kakao- und Röstaromen breiten sich aus und deklassieren das beste Dessert, das man sich je in einem Restaurant hat servieren lassen. Wer wird sich in Zukunft noch eine Mousse au Chocolat bestellen, obwohl er jetzt auch einen Schokobär knuddeln kann? Nein, mit einem Guinness hat das Stout von Ralph Hertrich kaum etwas gemein. Die irische Industrievariante dieses Bierstils, die ursprünglich gar nicht von dort, sondern aus London stammt, wirkt im Vergleich wie ein Nachtisch von McDonald's.

VETO
GEGEN MASSENBIERHALTUNG
VETO
GEGEN MASSENBIERHALTUNG

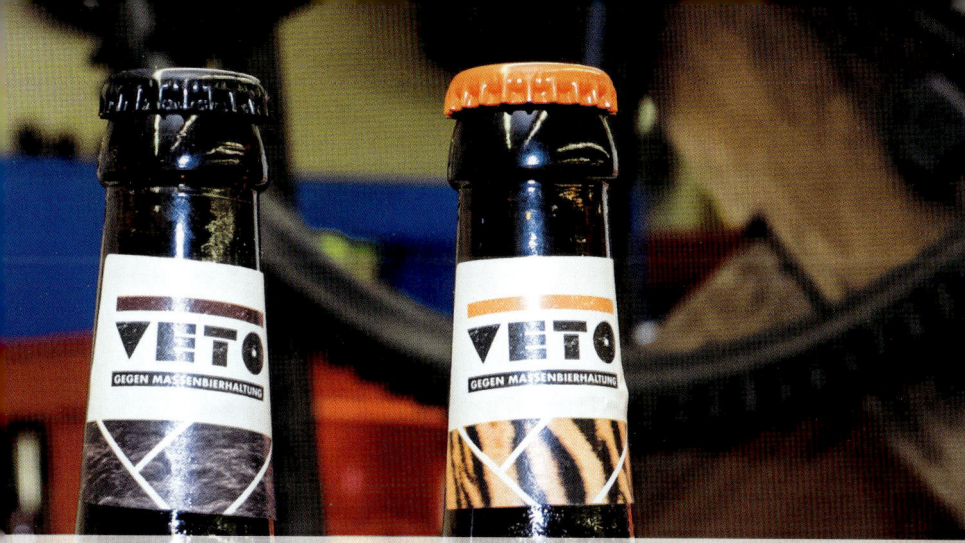

Adresse VETO – Hopferei Hertrich, Brückkanalstraße 33, 90537 Feucht, Tel. 09128/912668, www.hopferei.de | **Bierprofil** Ralph Hertrich braut auch ein India Pale Ale, den »Hopfentiger«. Seine Website informiert, wo es seine beiden Biere aktuell zu kaufen gibt. | **Tipp** So groß wie die Welt der Craft-Biere ist auch die Auswahl in der Bierwerk Charakterbar in Nürnberg: zwölf Sorten vom Hahn und rund 200 aus Flaschen. Zur Orientierung kann man mit Freunden ein Bierseminar buchen.

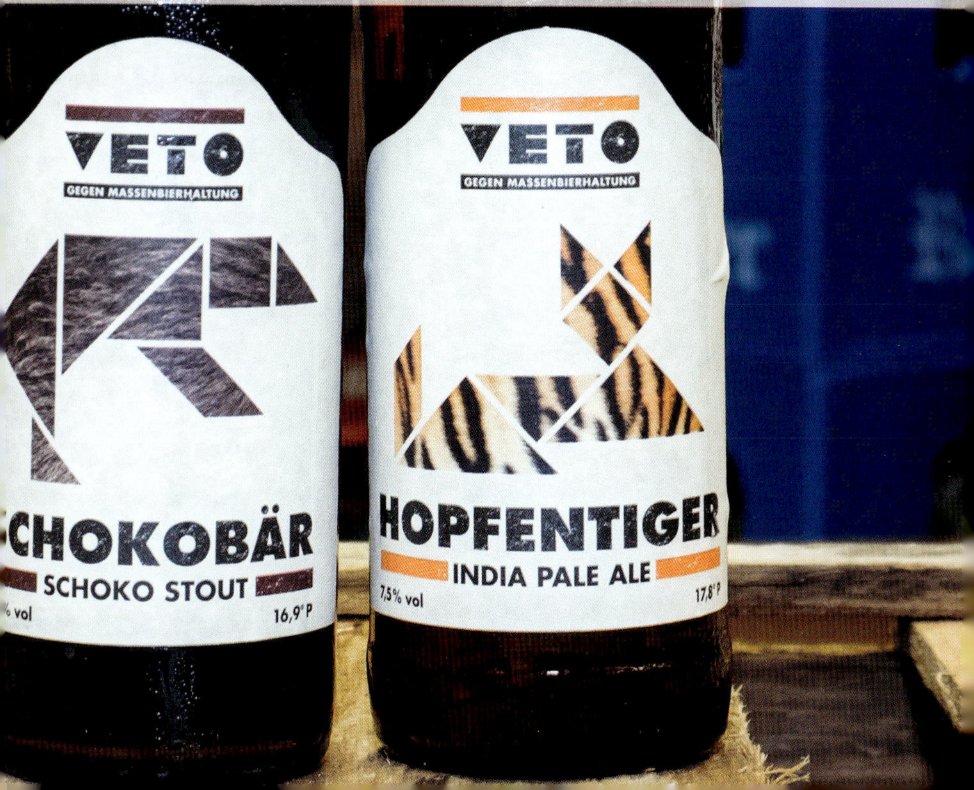
VETO
GEGEN MASSENBIERHALTUNG
CHOKOBÄR
SCHOKO STOUT
16,9°P
VETO
GEGEN MASSENBIERHALTUNG
HOPFENTIGER
INDIA PALE ALE
7,5% vol
17,8°P

101___Kuckuck

Eine köstliche Verunglimpfung

In Franken pflegt man noch die Tradition, den Bewohnern anderer Ortschaften frotzelige »Ehrennamen« zu verleihen. Bamberger sind »Zwiebeltreter«, Bayreuther »Mohrenwäscher« und die Michelauer müssen sich als »Hühnerfärber« bezeichnen lassen. Fast immer gehen die unverblümt derben Spitznamen auf eine lustige Anekdote zurück. Und genauso häufig sind die so Bezeichneten nicht gut darauf zu sprechen. Letzteres gilt nicht für die Bewohner von Kemmern, einem Dorf nördlich von Bamberg. »Kuckuck« heißen sie gemeinhin. Der Grund dafür ist freilich vergleichsweise harmlos. Vor einigen Jahrhunderten, man weiß natürlich nicht mehr, wann genau, soll sich Jung und Alt zur Wallfahrt nach Gößweinstein in der Fränkischen Schweiz aufgemacht haben. Als die Pilger mit Fahnen und Gebet aus dem Ort auszogen, rief im Kemmerner Wald ein Kuckuck. Und just als der fromme Zug die Türme der Wallfahrtsbasilika Gößweinstein erblickte, war wieder ein Kuckucksruf zu vernehmen. Worauf ein altes Weib ausrief: »Hört, unser Kuckuck ist mitgewallt, unser Kuckuck vom Wald bei Kemmern!«

Was die Dorfbewohner eigentlich lächerlich machen sollte, haben diese zu ihrem »Markenzeichen« gemacht. Die lokale Brauerei Wagner, 1788 erstmals urkundlich erwähnt und damit mindestens so alt wie die Verunglimpfung, hat sogar ihr bestes Bier nach dem Vögelein benannt. Das kupferbraune Rauchbier »Kuckuck« hat ein schön deutliches, für diese Sorte typisches Schinkenaroma, bleibt dabei aber mild und schmeckt sogar ein wenig fruchtig.

Wer die Brauereiwirtschaft besucht, sollte sich unbedingt hernach noch das ungespundete Lagerbier bestellen. Es wird wie zu des Pilgerzugs Zeiten aus dem Holzfass gezapft. Wer einmal zugesehen hat, wie lässig der Wirt das Fass auf die Theke wuchtet, um es mit ein paar Schlägen anzustechen, weiß: Auf ihr Bier können die Kemmerner zum Kuckuck noch mal stolz sein!

Adresse Wagner Bräu, Hauptstraße 15, 96164 Kemmern, Tel. 09544/6746, www.brauerei-wagner.de | **Bierprofil** Pils, Märzen, Ungespundetes Lagerbier, Festbier, Schwarzbier, Landbier, Weizen, Zwilling, saisonal: Weihnachtsbock | **Öffnungszeiten** Brauereiwirtshaus: Mo, Mi–So 15–24 Uhr, So auch 10–12 Uhr, Di Ruhetag; Biergarten Wagner-Keller auf einem Berg oberhalb des Ortes mit sensationeller Aussicht aufs Maintal: Okt.–März Mi–Sa ab 14 Uhr, So und Feiertage ab 9.30 Uhr; April–Sept. Mo–Sa ab 14 Uhr, So und Feiertage ab 9.30 Uhr | **Tipp** Ebenfalls nach einem Vogel benannt ist die Adler Bräu aus Stettfeld in den Haßbergen, eine typische Landbrauerei mit Gasthaus und Biergarten.

102 Richard Wagner Dunkel
Nicht für Wagnerianer

Dank eines Besuchs des Komponisten Anton Bruckner in Bayreuth ist überliefert, welches Bier der Wahlfranke Richard Wagner seinen Gästen offerierte: 1873 kippten sich die beiden so viel »Weihenstephan« hinter die Binde, dass sich Bruckner am nächsten Morgen nicht mehr erinnern konnte, welche seiner Symphonien das Genie mit den Worten »Schau, schau, ah was! ah was!« gelobt hatte. (Es war die dritte in D-Moll!) Weihenstephan liegt bei Freising. Ein aus dem Süden Bayerns importierter Gerstensaft also! Kein Wunder, dass die Franken den Opernberserker nie wirklich lieb gewonnen und ihm im Gegensatz zu ihrem zweiten ordentlich zechenden Künstler, dem Dichter Jean Paul, nie ein eigenes Bier gewidmet haben. Selbst wer sich ein »Richard Wagner Dunkel«, gebraut in Merkendorf bei Bamberg, ins Glas füllt, wird dem nicht widersprechen können.

Das 2006 erstmals gezapfte Bier ist nämlich nicht dem Komponisten, sondern dem 2016 verstorbenen Seniorchef eines 170 Hektoliter Jahresausstoß kleinen Traditionssudhauses mit eigenem Gasthof und Biergarten gewidmet – es wurde zu dessen 75. Geburtstag kreiert. 2010 prämierte das österreichische Genussmagazin »bier.pur« das Ehrenbier der Brauerei Wagner Merkendorf mit der Höchstnote Platin, ein Jahr später gewann es Gold beim internationalen Wettbewerb European Beer Star.

Die Belegschaft und die Nachfolger – heute wird die Brauerei von Günter und Rainer Wagner geführt – haben es verstanden, ein flüssiges Meisterstück zu komponieren. Die ganz sanft – sozusagen piano – einsetzende Malzsüße eröffnet das Aromenspiel. Dann ein Crescendo von Röstnoten. Im Hintergrund – als Basso continuo – eine feine, unbeirrbar stabile Hopfenblume. Schön langsam schaukelt sich die Arie zu ihrem Höhepunkt auf, dem Sieg der Bittere des Hopfens. Ein echt fränkisches dunkles Landbier. Hätte sich der schusselige Anton Bruckner doch nur an diesem Richard Wagner berauschen können …

Adresse Brauerei Wagner, Pointstraße 1, 96117 Merkendorf, Tel. 09542/620, www.wagner-merkendorf.de | **Bierprofil** Pils, ungespundetes Lagerbier, Märzen, Richard Wagner Dunkel, Wagner Weisse, saisonal: Festbier, Bockbier hell und dunkel | **Öffnungszeiten** Gaststätte (im Sommer auch Biergarten): täglich außer Mo 8–23 Uhr | **Tipp** Im Bamberger Umland gibt es neben dem Wagner in Merkendorf zwei weitere Brauereien mit dem Namen Wagner, eine in Kemmern und eine in Oberhaid. Wer will, kann die drei auf einer zwölf Kilometer langen Wanderung an einem Tag erkunden.

103_Helles

Neues Bier für eine uralte Stadt

»It is a man's world! But it would be nothing without a woman or a girl!« Den Song, den James Brown 1966 dem patriarchalen Amerika um die Ohren haute, könnte man eins zu eins auf die deutsche Bierlandschaft übertragen. Hopfen und Malz – das gilt als eine der letzten Domänen der Männer. Dabei lag das Brauen im Mittelalter und noch weit darüber hinaus fest in den Händen der Frauen. Ein Sudkessel war nicht selten ein wichtiger Teil der Aussteuer, und von Luthers Gattin, Katharina von Bora, wird berichtet, dass ihr Bier so gut war, dass es sich der Reformator auf seinen Reisen nachschicken ließ.

Aber mit dem immer stärkeren Aufkommen der gewerblichen Brauereien, die an das Bürgerrecht und an Zunftordnungen gebunden waren, wurden die Frauen an den heimischen Herd verwiesen. Erst in den letzten Jahrzehnten haben sie sich ihren angestammten Platz mehr und mehr zurückerobert. Melanie Gehring zum Beispiel, deren Vorfahren mehrere Generationen lang das 1981 vom Tucher-Konzern übernommene und eliminierte Brauhaus Dinkelsbühl geführt hatten. 1999 eröffnete sie im Herzen der jährlich von etlichen hunderttausend Touristen durchströmten Stadt an der Romantischen Straße »Weib's Brauhaus«, ein schickes Lokal mit Sudkessel im Gastraum und gemütlichen Fremdenzimmern. Große Glasfenster machen es möglich, dass man von seinem Tisch aus auch die Gär- und Lagertanks im Blick hat.

Dort reifen zwei Sorten: ein würziges Weizen und ein süffiges, unfiltriertes »Helles«, dessen Name nicht auf seine wahre Farbe schließen lässt. Der Trunk schimmert bernsteindunkel, schmeckt malzig, leicht nussig. Eine feine Honignote rundet ihn zur Vollkommenheit ab. Es ist der perfekte Begleiter zum mit Meerrettich überzogenen Frankenschnitzel. Aber auch zur schwäbischen Variante mit Spätzle. In Dinkelsbühl gehen nicht nur beide Regionen, sondern auch ihre Küchen friedlich ineinander über.

Adresse Weib's Brauhaus, Untere Schmiedgasse 13, 91550 Dinkelsbühl, Tel. 09851/579490, www.weibsbrauhaus.de | **Bierprofil** Helles, Weizen | **Öffnungszeiten** Braugasthaus mit Biergarten: Mo, Do–So 11–1 Uhr, Mi 18–1 Uhr, Di Ruhetag | **Tipp** Das spektakulärste fränkische Bier aus Frauenhand ist ein Gemeinschaftsprojekt von Gisela und Monika Meinel-Hansen von der Brauerei Meinel und Isabella Mereien von der Brauerei Drei Kronen. Ihr »Holladiebierfee« ist ein Feuerwerk der Aromatik – und fast so teuer wie Champagner.

104_Altfränkisch Klosterbier

Wie der Boden, so das Bier

Würde man eine Top Ten der fränkischen Bilderbuch-Brauereien aufstellen, wäre ihr ein Platz unter den ersten drei gewiss. Die Klosterbrauerei Weißenohe aus dem namensgebenden Dorf im Süden der Fränkischen Schweiz hat alles, was eine regionale zu einer regionaltypischen Sudstätte macht: ein zünftiges Wirtshaus, einen schattigen Biergarten, aber auch ein bauliches Ambiente, bei dem der Purismus der Wirtschaftswunderjahre und die Schönheit vorheriger Jahrhunderte eine spannungsvolle Symbiose eingehen. Zudem ist sie seit Generationen in Familienbesitz.

Mit dem »Altfränkisch Klosterbier« braut sie einen Gerstensaft, von dem es sich bis nach Berlin herumgesprochen hat, dass man mit ihm das Idealbeispiel eines fränkischen Trunks vom Lande ins Glas gefüllt bekommt.

Das Besondere an diesem bernsteindunklen Lager: Brauereiinhaber Urban Winkler nimmt das Reinheitsgebot wörtlicher als vorgeschrieben. »Rein« heißt für ihn, dass er bei den Zutaten auf eine Qualität besteht, die seit der Einführung der Agrarchemie nur noch mit Bio-Siegel zu bekommen ist. Vormals, als das Unkraut noch von Hand ausgerupft werden musste, wäre kein Braumeister auf die Idee gekommen, sein Wasser technisch aufzubereiten. Aber auch nicht, Gerste aus Rumänien zu importieren. Unter »rein« versteht Urban Winkler auch, dass bei ihm alle Rohstoffe aus der Nachbarschaft stammen. Beim Wein weiß jedes Kind, dass man das Terroir, den Boden, auf dem die Rebe wächst, genau herausschmecken kann. Dem gesunden Menschenverstand zufolge müsste das beim Bier doch ähnlich sein. Wie das »Altfränkisch Klosterbier« beweist, ist dem auch so. Das Untergärige zeigt die hohe Kunst des Braumeisters, trotz viel zu viel Kalk im Wasser und trotz Gerste, die auf trockenen Juraböden kümmern musste, ein gnadenlos süffiges Bier mit einer unverwechselbaren Balance aus trockener Herbe und leichter Süße zu zaubern. Prost!

Adresse Klosterbrauerei Weißenohe, Klosterstraße 20, 91367 Weißenohe, Tel. 09192/591, www.klosterbrauerei-weissenohe.de | **Bierprofil** drei Pils, Classic Export, Kloster-Sud (Helles), Glocken Hell, Dunkles, Märzen, Bonator (Doppelbock) | **Öffnungszeiten** Brauereigaststätte: April–Okt. Di ab 16 Uhr, Mi–Fr ab 11, Sa, So ab 10 Uhr, Mo Ruhetag, Nov.–März Mi–So ab 11 Uhr, durchgehend warme Küche bis mindestens 20.30 Uhr | **Tipp** Jedes Frühjahr reihen sich beim Fränkischen Bierfest im Nürnberger Burggraben über 40 Brauereien zum längsten Biergarten der Welt aneinander. Die Klosterbrauerei Weißenohe ist bei diesem Pflichttermin für Bierfreunde immer mit dabei.

105_ Green Monkey

Hopfen in seiner reinsten Form

In Franken wird der Anbau von Hopfen mit dem Städtchen Spalt gleichgesetzt. Kenner wissen, dass um 1900 auch im Süden der Fränkischen Schweiz 3.000 Hopfenpflanzer dafür sorgten, dass den Brauereien der Nachschub nicht ausging. Weil er bereits 1987 auf Bio umgestellt hat, gehört der Hof der Familie Friedrich in Lilling bei Gräfenberg zu den wenigen, für die sich dort das Hegen und Pflegen der sensiblen Kletterpflanze auch heute noch rentiert.

Auf ihre Sortenvielfalt greift die zwei Dörfer weiter gelegene Klosterbrauerei Weißenohe bei einem ihrer ausgefuchsten Gaumenexperimente zurück. »Green Monkey« heißt es und wird gewöhnlich als Dreier-Set angeboten. Für den vollen Genuss sollte man sich Freunde einladen, denn er stellt sich dann ein, wenn man das Flaschen-Trio parallel und in kleinen Schlucken trinkt. Braumeister Urban Winkler hat den »Green Monkey« erfunden, um den himmelweiten geschmacklichen Unterschied einzelner Hopfensorten zu demonstrieren. Ausgangsbasis ist stets ein Pils, jene Biersorte also, die, nimmt man die Trinkgewohnheiten der Deutschen zum Maßstab, den Durchschnittsgerstensaft repräsentiert. Der Geschmackssinn empfindet dieses Grundbier als gewohnt – und damit als neutral.

Zum Reifen teilt Urban Winkler dieses Pils in drei Lagertanks auf. Dann wird es hopfengestopft. Darunter ist eine uralte, beinahe ausgestorbene Technik der Bierveredelung zu verstehen. Urban Winkler füllt Baumwollsäckchen mit Hopfen und »stopft« sie mit in den Lagertank. Dort werden sich ätherische Öle aus den Dolden lösen. Weil er für jeden der »Monkeys« eine andere Sorte nimmt, schmecken die Ergebnisse grundverschieden. Das mit Mandarina Bavaria gestopfte mundet nach Citrus-Früchten, die Sorte Polaris sorgt für Pfefferminz- und Gletschereisbonbon-Aromen. Das dritte ist für die Traditionalisten: Hier erzeugt die Sorte Hersbrucker Gebirgshopfen eine besonders feine Bittere.

Adresse Klosterbrauerei Weißenohe, Klosterstraße 20, 91367 Weißenohe, Tel. 09192/591, www.klosterbrauerei-weissenohe.de | **Bierprofil** weitere besondere Bierspezialitäten sind unter anderem der »Red Monkey« (im Holzfass gereift), das Gewürzbier Virtac Bior und das hopfengestopfte Zwickel-Pils | **Öffnungszeiten** Brauereiführung: jeden 3. Samstag im Monat 10 Uhr, Voranmeldung erforderlich | **Tipp** Unter der Marke »Veldensteiner Bierwerkstatt« braut die Kaiser Bräu aus Neuhaus an der Pegnitz unregelmäßig hopfengestopfte Biere, darunter den höchst empfehlenswerten »Saphir Bock«.

106__ Schlotfegerla

Seine Farbe bringt Glück

Auch wenn viele Brauer liebend gern über ihre Arbeit sprechen, sobald man sie auf die Details ihrer Rezepturen anspricht, verlieren sie kein Wort mehr darüber. Malzschüttung? Hopfengabe? Überall nur Schweigen – mit einer Ausnahme: Bei der Bamberger Braumanufaktur Weyermann gibt man nicht nur bereitwillig Auskunft, mit welchen Malz- und Hopfensorten Gourmetbiere wie das »Schlotfegerla« gebraut werden. Die kleine Sudstätte der 1879 gegründeten Mälzerei macht ihre Rezepte sogar öffentlich. Man bekommt sie als Dreingabe zur Flasche oder zieht sie sich im Internet. Ursprünglich war die Braumanufaktur dazu gedacht, dem wachsenden Kundenkreis – Profibrauer aus aller Welt – zu demonstrieren, was sich aus den unübersichtlich vielen Malzsorten alles zaubern lässt. Daher der ausdrückliche Wunsch: Viel Spaß beim Nachbrauen!

So erfährt man, mit welchen fünf Malzen das »Schlotfegerla« gemaischt wird. Und auch, dass sein wunderschön dunkles Erscheinungsbild dem Weyermann-Produkt Sinamar geschuldet ist, einem aromaneutralen, flüssigen Malzextrakt. 1902 ließ sich Johann Baptist Weyermann das von ihm entwickelte »Verfahren zur Herstellung geschmackloser Farbmalz-Abkochungen und -Maischen oder concentrirter Extrakte aus Farbmalz zwecks Bereitung dunkler Biere und Färbebiere« patentieren. Seither nutzen Brauereien auf der ganzen Welt Sinamar, um dunklen Bieren eine tiefgründigere Farbe einzuhauchen. Streng nach dem Reinheitsgebot.

Das »Schlotfegerla«, ein Rauchbier mit einer offensiv zelebrierten Schinken-Aromatik, wurde erstmals anlässlich des 100. Geburtstags von Sinamar ausgeschenkt. Heute ist es der Top-Seller und eine der wenigen Kreationen der Braumanufaktur Weyermann, die immer wieder nachgebraut werden. Das Gros ihrer Kreationen gibt es nur als einmaligen Sud. Benannt ist es nach dem Maskottchen des Röstmalzextrakts, das ihm seinen dunklen Teint gegeben hat.

Adresse Braumanufaktur Weyermann, Brennerstraße 17–19, 96052 Bamberg, Tel. 0951/932200, www.weyermann.de; Direktverkauf Weyermann Fanshop: Brennerstraße 15, Tel. 0951/93220764 | **Bierprofil** Bei Weyermann wird nicht konventionell gebraut. Permanent entstehen neue Kreationen, die meisten gibt es aber nur einmalig. | **Öffnungszeiten** Direktverkauf: Mo–Do 13–18 Uhr, Fr 10–12 und 13–18 Uhr, Sa 10–14 Uhr; Führung durch die Mälzerei: Mi um 14 Uhr, Treffpunkt ist das Weyermann Gästezentrum | **Tipp** Nachbrauen darf man das Schlotfegerla zwar, der Name ist jedoch geschützt. Ein weiteres Rauchbier mit diesem Namen gibt es trotzdem: beim Brauhaus am Kreuzberg in der Nähe von Hallerndorf.

107 _ Süßholz Porter

Neuland für den Gaumen

Der Bamberger wird von den übrigen Franken wenig charmant »Zwiebeltreter« genannt. Das liegt daran, dass sich die vielen Gärtner der Stadt in früheren Zeiten Holzbrettchen an die Sohlen gebunden haben sollen. So konnten sie das in ihren Kulturen gen Himmel schießende Grün am bequemsten umtreten. Wohlgemerkt: das Grün ihrer Schlotten. Denn wenn man die röhrenförmigen Blätter klein hält, konzentrieren sich die Nährstoffe in den »Knollen«.

Was aber wenige wissen: Noch wichtiger als die Zwiebel war für Bamberg der Anbau von Süßholz. Wie diese aus dem Mittelmeerraum stammende Pflanze den Weg nach Franken gefunden hat, lässt sich heute nicht mehr nachvollziehen. Der Sage nach wächst sie dort, wo einst die Stadtheilige, Kaiserin Kunigunde (um 980 – 1033), entlangwandelte. Süßholz war ein geschätztes Heilmittel. Die aus ihm gewonnene Lakritze nennt der Franke scherzhaft »Bärendreck«.

Pünktlich zur Landesgartenschau in Bamberg 2012 hat Dominik Maldoner, Braumeister der Braumanufaktur Weyermann, ein Bier kreiert, bei dem das krautige Gewächs auf der Zutatenliste steht. Sein »Süßholz Porter« verheiratet die von den Mitgliedern der »Süßholz-Gesellschaft« wiederbelebte Gärtnertradition mit einem dunklen, ursprünglich englischen Bierstil, der, fast ausgestorben, ebenfalls gerade eine Renaissance erlebt. Wie es schmeckt? Wie fast alle Biere der Braumanufaktur Weyermann will es kein Trunk für jeden Tag sein. Es geht vielmehr darum, den Gaumen neugierig zu machen und ihn in Genusswelten auszuschicken, die ihm mindestens so exotisch vorkommen wie die Garküchen einer Stadt in der chinesischen Provinz. Ein Porter mundet malzig süß, man denke es sich als Traubenzucker, auf dem ein paar Cornflakes liegen. Das Aroma von Lakritze dürfte bekannt sein. Jetzt die Augen schließen und in der Vorstellung einfach beides auf der Zunge zergehen lassen …

Adresse Braumanufaktur Weyermann, Brennerstraße 17–19, 96052 Bamberg, Tel. 0951/932200, www.weyermann.de; Direktverkauf Weyermann Fanshop: Brennerstraße 15, Tel. 0951/93220764 | **Bierprofil** Schlotfegerla (Rauchbier), India Pale Ale, Pils, Süßholz Porter, Bamberg Rogg't (Roggenbier), Pumpernickel Porter (mit Pumpernickel gebraut), Oatmeal Stout (mit Hafer), Barley Wine und andere | **Öffnungszeiten** Direktverkauf: Mo–Do 13–18 Uhr, Fr 10–12 und 13–18 Uhr, Sa 10–14 Uhr | **Tipp** Wer das kulinarische Experiment auf die Spitze treiben will, kann sich bei der Bamberger Metzgerei Kalb mit Süßholzschinken und Süßholzwürstchen eindecken.

108__Dunkel

Der Rauchbier-Geheimtipp

Eigentlich ist Rauchbier ein Anachronismus, ein Relikt aus der guten alten Zeit, als Malz nur unter Verwendung von offenen Flammen getrocknet werden konnte. Bis zur Erfindung der indirekten Befeuerung waren alle Biere eher dunkel und hatten ein mehr oder weniger starkes Raucharoma. Erst 1807 wurden gleichmäßig helle und vor allem rauchfreie Gerstensäfte möglich. Und das Rauchbier verwandelte sich vom Alltagsgetränk zu einer Spezialität, die nirgends in so großer Zahl wie in Franken die Wirren der Jahrhunderte unbeschadet überstanden hat.

Alle Rauchbiere, die intensiven und die sanften, haben etwas gemeinsam: Sie spalten die Biertrinker in zwei Lager. Die einen lieben sie, weil sie nach Räucherschinken schmecken, die anderen sagen, ein solcher gehöre aufs Brot, aber doch bitte nicht ins Glas. Frankens Brauereien wissen, wie sehr dieser alte Bierstil polarisiert. Deshalb schreiben sie alle »Rauch«, »Räucherla« oder Ähnliches als Warnung auf die Flaschen und Getränkekarten. Bis auf eine!

Wo ein Rauchbier drin ist, steht bei der Brauerei Wichert in Oberwallenstadt, einem Stadtteil der Korbstadt Lichtenfels, schlicht und trügerisch »Wichert Dunkel« auf den Etiketten – was in diesem Falle ein schönes Bernsteinbraun bedeutet.

Schnuppert man an der Schaumkrone, steigt einem aber sogleich dieses typische Buchenraucharoma in die Nase. Aber keine Sorge: Der Bräu hat bei diesem Bier das »Schinkenaroma« harmonisch ausbalanciert. Nicht zu aufdringlich, fein in die Karamellsüße des Malzes eingebunden. Dass aus diesem »Dunkel« eher weniger Kohlensäure aufsteigt, ist typisch für ungespundete fränkische Kellerbiere. Und als solches wird es auf der Karte des urigen Brauereigasthofs angepriesen. Es dürfte die genaueste Vorstellung davon geben, wie ein typisches oberfränkisches Bier vor 200 Jahren geschmeckt haben muss. Schon deshalb ist es der Geheimtipp in Sachen Rauchbier.

Adresse Brauerei und Gasthof Wichert, Alte Reichsstraße 50, 96215 Lichtenfels-Oberwallenstadt, Tel. 09571/3317, www.brauereigasthof-wichert.de | **Bierprofil** Pils, Dunkles, saisonal: Doppelbock | **Öffnungszeiten** Braugasthof mit Biergarten: Di–Fr 16–23 Uhr, Sa, So und Feiertage 10.30–23 Uhr | **Tipp** In Franken werden um die 50 verschiedene Rauchbiere gebraut. Im Lichtenfelser Umland zum Beispiel noch bei der Staffelberg Bräu in Loffeld (Querkerla) oder bei der Brauerei Hetzel in Frauendorf (Rauchbier).

109__Kirchweihbier

Gebraut für den Ausnahmezustand

»Wer hat Kerwa? Mir ham Kerwa!« Schallt dieser Ruf durch die Straßen, steht der ganze Ort kopf. Im Sommer wird immer irgendwo der Weihetag eines Gotteshauses zum Anlass genommen, um mehrere Tage zünftig durchzufeiern. Nicht selten beginnt eine fränkische Kirchweih am Donnerstagabend, spätestens aber ab Freitag geht es im Bierzelt rund. Am Samstag folgt der ernsthafte Teil, das Aufstellen des Kirchweihbaums, der bis auf die Spitze entastet und mit grünen Kränzen und weiß-roten Bändern geschmückt wird. Während die »Kerwaboum« die Fichte mit langen Stangen in die Vertikale bringen, müssen sie sich natürlich mit Bier stärken. Am Sonntag, spätestens Montag, tanzen die »Kerwaboum« und »Kerwamadla« dann um den Baum. Ein Blumenstrauß geht von Paar zu Paar. So lange, bis ein Wecker schrillt und das »Oberkerwapaar« gefunden ist.

So praktiziert man es jeden Juni auch im 800 Einwohner kleinen Neunhof bei Lauf an der Pegnitz, in dessen Zentrum auf der einen Straßenseite seit über 500 Jahren Bier gebraut wird. Die Braugaststätte, ein imposantes Fachwerkhaus, liegt gegenüber. Sud- und Gasthaus wurden früher überall in Franken getrennt gebaut, damit bei einem Feuer zumindest eines der beiden Gebäude unversehrt blieb. Für das Dorffest des Jahres lässt die Brauerei Wiethaler eine eigene Sorte reifen. Ihr helles, süffiges Kirchweihbier ist wunderbar spritzig und vitalisiert durch ein feines Hopfenaroma. Mit 4,8 Prozent Alkohol ist es nicht wirklich stark, damit der ganze Ort und die vielen Gäste, obwohl es in Strömen fließt, vom Festauftakt bis zum Ende der Kerwa durchhalten können.

Ach ja: Wer am Eventwochenende keine Zeit hat, kann sich im Brauereiladen trösten. Diesen füllt der junge Braumeister Andreas Dorn mit einer im Detail immer wieder wechselnden Sortenvielfalt, die bis hinauf nach Berlin als herausragend gilt und ganzjährig eine Fahrt nach Neunhof wert ist.

Adresse Brauerei Wiethaler, Welserplatz 6, 91207 Lauf-Neunhof, Tel. 09126/5460, www.brauerei-wiethaler.de | **Bierprofil** Goldstoff hell (Export), Lager hell, Pils, Landbier dunkel, Weizen, saisonal: Festbiere, Bockbiere und Craft-Biere | **Öffnungszeiten** Brauerei-laden: Mo–Fr 7–12 und 13–18 Uhr, Sa 8–13 Uhr; Brauereigaststätte mit Biergarten: Mo Ruhetag, Di ab 17 Uhr, Mi–So 11–23 Uhr | **Tipp** Besonders kurios ist die Kirchweih in einem anderen Neunhof, dem im Nürnberger Land. Dieses teilt sich in das Unterndorf und das Oberndorf. Beide feiern am selben Wochenende parallel. Das Festbier stammt in der Regel von der Landwehrbräu aus Reichelshofen bei Rothenburg ob der Tauber.

110_Landbier

Die Nummer eins der Freaks

Wer braut das beste Kellerbier der Welt? Diese Frage haben die Mitglieder von ratebeer.com, der größten internationalen Bierfreak-Community, mit einem Geheimtipp beantwortet: die Brauerei Witzgall aus Schlammersdorf! »Landbier« heißt die von ihnen auf Platz eins gewählte Sorte kurz, korrekt und prägnant. Schlammersdorf liegt – für alle, die diesen Ort nicht kennen, und das dürften viele sein – kurz hinter Forchheim und ist 400 Einwohner klein. Dass man dort zufällig strandet, ist fast unmöglich, denn die Landstraße nach Hallerndorf macht um die Siedlung einen großen Bogen. Der größte Teil des Ausstoßes wird dennoch in der Braugaststätte und im etwas außerhalb gelegenen Witzgall-Keller getrunken. Im Getränkemarkt ist das »Landbier« nur selten zu bekommen. Wie auch, wenn pro Jahr gerade einmal zehn Hektoliter produziert werden.

Was macht dieses Kellerbier so besonders, dass sich Bierliebhaber sogar aus Japan und den USA auf den Weg nach Schlammersdorf machen? .… und dass Bier-Bars aus Rom und Stockholm bei Braumeister Matthias Witzgall anklopfen, weil sie es importieren möchten? Sein unterschwellig süßer Malzkörper und seine exaltierte Hopfenfiligranität fügen sich so perfekt ineinander wie Yin und Yang. Das Witzgaller »Landbier« ist das ausgewogenste, das es in Franken gibt. Und dann ist da noch die Sache mit der Kohlensäure. Das Bier enthält – typisch fränkisch – gerade einmal so viel Prickelgas, dass es lebendig wirkt – aber kein Bläschen mehr. Was seine »Drinkability« noch einmal steigert …

Manch einer fühlt sich bei diesem Trunk nach Böhmen versetzt, in das Mutterland der fruchtig frischen Lagerbiere. Andere wissen jetzt die Antwort auf die Frage, was sie auf eine einsame Insel mitnehmen würden. Damit das so bleibt, hat die Brauerei, die im 18. Jahrhundert gegründet wurde, unlängst in einen neuen Sudkessel, aber nicht in mehr Volumen investiert.

Adresse Brauerei und Gaststätte Witzgall, Schlammersdorfer Straße 17, 91352 Hallern-
dorf-Schlammersdorf, Tel. 09545/7452; Biergarten Witzgall-Keller, Karl-Kreul-Straße,
91352 Hallerndorf-Schlammersdorf, Tel. 09545/50785 | **Bierprofil** Landbier, Vollbier,
saisonal: Weihnachtsfestbier | **Öffnungszeiten** Brauereigaststätte und Biergarten: täglich
außer Do ab 9 Uhr; Biergarten Witzgall-Keller: Mai–Sept. Sa, So und Feiertage ab 14 Uhr |
Tipp Die Gegend rund um Hallerndorf ist ein wahres Kellerbier-Eldorado, in den Top Ten
von ratebeer.com finden sich auch die Gänstaller Bräu (Schnaid) und die Brauereien Lieberth
(Hallerndorf) und Roppelt (Stiebarlimbach).

111 Lagerbier naturtrüb
Weniger ist mehr Genuss

Auch für den Weg, auf dem ein Bier von der Brauerei zum Mund gelangt, gibt es eine Art von Verkehrsordnung. Sie sieht vor, dass eine Brauerei zum Getränkehändler geht und ihn überzeugt, dass es für ihn finanziell nur ein Gewinn sein kann, sie ins Sortiment aufzunehmen. Gastronomen werden mit der Finanzierung ihrer Schankanlage und der Ausstattung umworben. Wer auf dem deutschen Biermarkt etwas verkaufen will, muss Anreize schaffen.

Es gibt aber auch Brauer, die sich weigern, dem rein Wirtschaftlichen ein Vorfahrtsrecht einzuräumen.

Einer von ihnen ist Stefan Zehendner, Inhaber und Braumeister der 1808 gegründeten, 1938 von seiner Familie übernommenen Brauerei Zehendner aus dem 100 Einwohner kleinen Mönchsambach am Ostrand des Steigerwalds. Ständig klopfen Bierverleger an seine Tür – und müssen mit leeren Händen nach Hause zurückfahren. Selbst in der näheren Umgebung liegt sein legendäres naturtrübes Lager nicht in allen Kneipen am Hahn, die es ausschenken wollen. Bei Stefan Zehendner fährt die Qualität auf einer grünen Welle, während der vermeintliche Segen des Wachstums auf Rot geschaltet ist. Er will nicht mehr Bier verkaufen, als ihm die Pilger, die aus nah und fern in seine urtümlich rustikale Dorfwirtschaft strömen, und die Gäste seiner handverlesenen Ausschankpartner ohnehin wegtrinken.

Wer Stefan Zehendners helles, naturtrübes Lagerbier in der Hand hatte, weiß jetzt, dass man aus einem Bier die Persönlichkeit des Brauers herausschmecken kann – wie bei einem Kunstwerk. Ein Trunk mit Aha-Effekt. Fruchtig und voll ist sein Körper. Fein ziseliert seine Hopfenherbe. Nicht ohne Grund hat die internationale Community, die auf der weltgrößten Bier-Website ratebeer.com vernetzt ist, das Mönchsambacher zu einem der besten Deutschlands erklärt. Und dabei hat man das kernigere Export und die phänomenalen Bockbiere noch gar nicht probiert …

Adresse Brauerei Zehendner, Mönchsambach 18, 96138 Burgebrach, Tel. 09546/380, www.moenchsambacher.de | **Bierprofil** Lager, Export, Weizen, saisonal: Bockbiere | **Öffnungszeiten** Braugasthof mit Biergarten: Di–Do ab 14 Uhr, Fr–So ab 10 Uhr, Mo Ruhetag | **Tipp** Der Stöhrenkeller, eine Art fränkischer Bier-Pub am Oberen Stephansberg in Bamberg, gehört zu den Auserwählten, er schenkt das Mönchsambacher Hefeweizen aus.

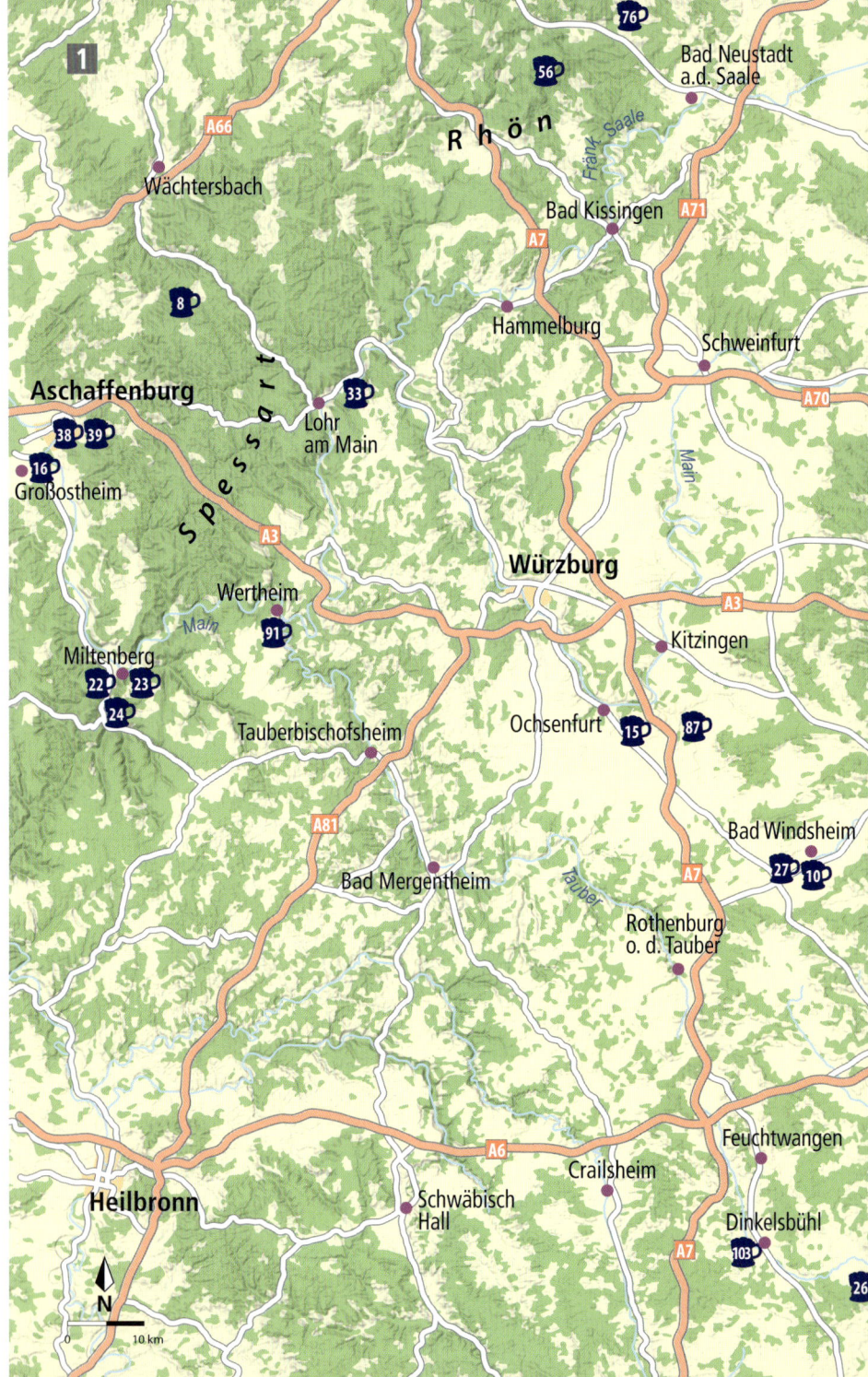

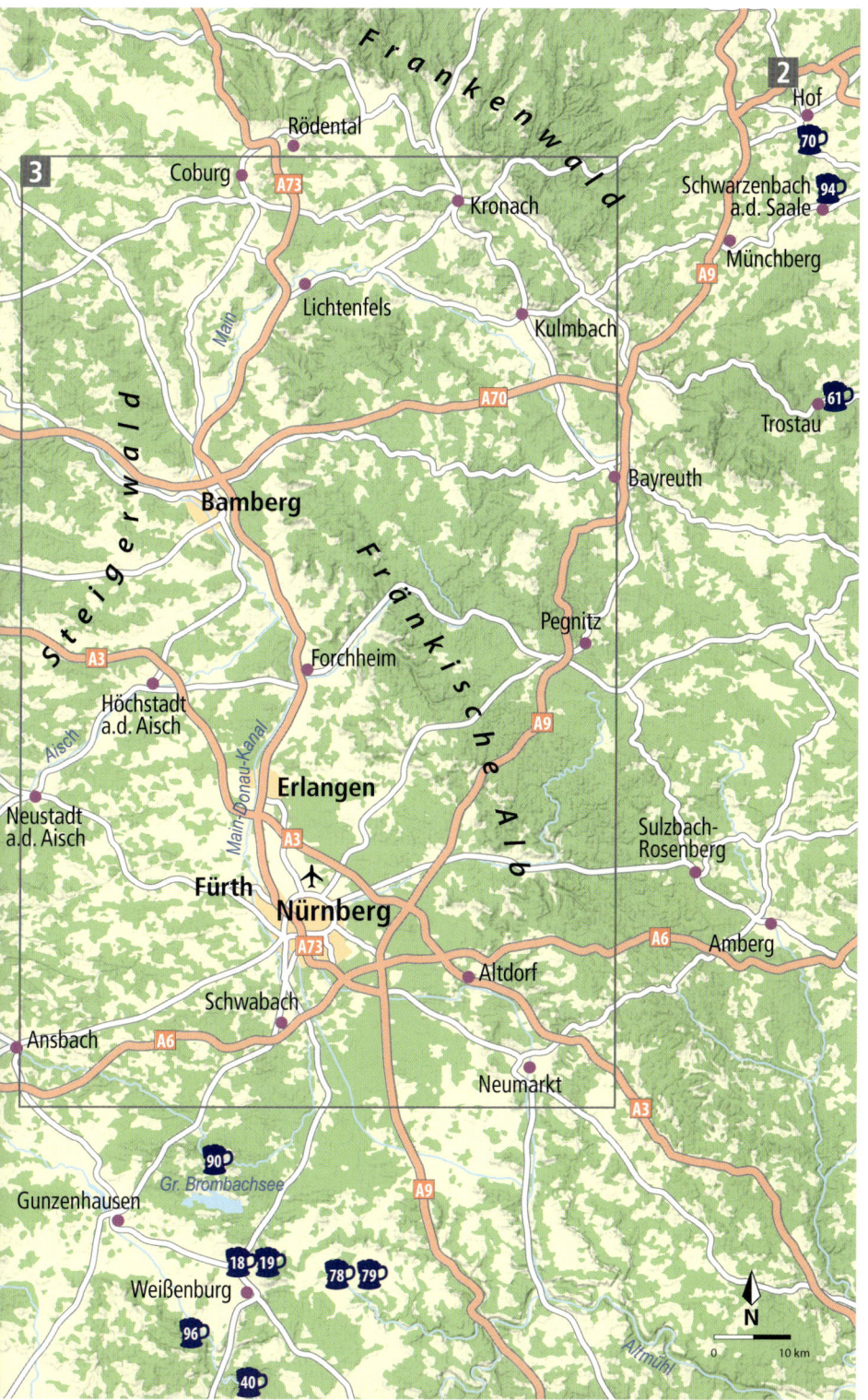

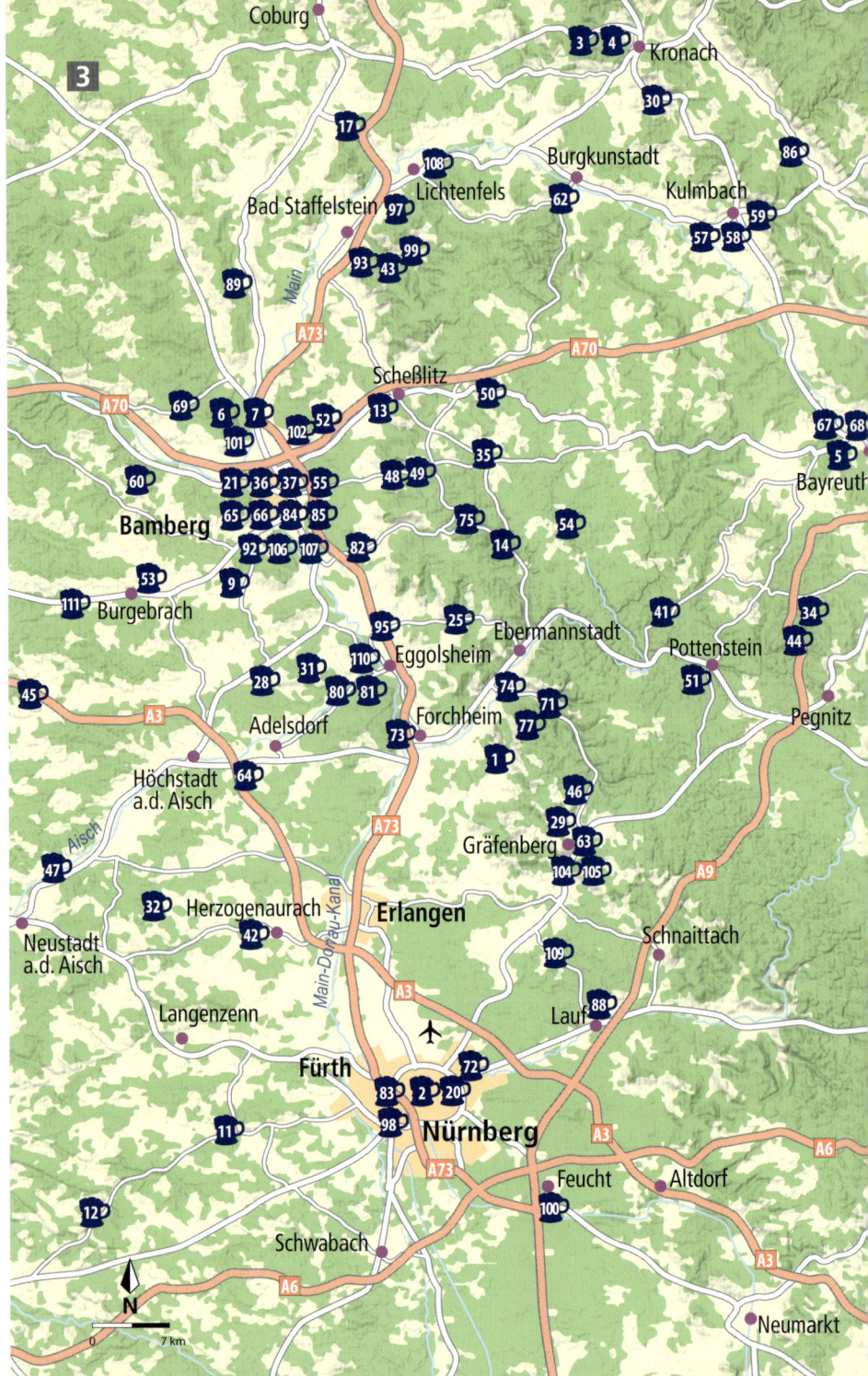

Dorothee Fleischmann,
Carolina Kalvelage
**111 Orte in Budapest, die
man gesehen haben muss**
ISBN 978-3-95451-744-2

Floriana Petersen
**111 Orte in San Francisco,
die man gesehen
haben muss**
ISBN 978-3-95451-750-3

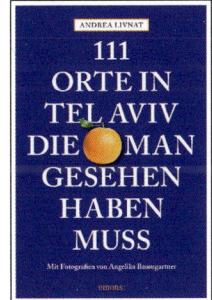

Andrea Livnat,
Angelika Baumgartner
**111 Orte in Tel Aviv, die
man gesehen haben muss**
ISBN 978-3-95451-703-9

Oliver Schröter, Falk Saalbach
**111 Orte in Zürich, die man
gesehen haben muss**
ISBN 978-3-95451-538-7

Cornelia Lohs
**111 Orte in Bern, die man
gesehen haben muss**
ISBN 978-3-95451-669-8

Giulia Castelli Gattinara,
Mario Verin
**111 Orte in Mailand, die
man gesehen haben muss**
ISBN 978-3-95451-617-9

Cornelia Ziegler,
Chris Sindermann
**111 Orte auf Kreta, die man
gesehen haben muss**
ISBN 978-3-95451-540-0

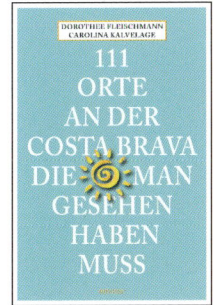

Dorothee Fleischmann,
Carolina Kalvelage
**111 Orte an der Costa Brava,
die man gesehen haben muss**
ISBN 978-3-95451-561-5

Jo-Anne Elikann
**111 Orte in New York, die
man gesehen haben muss**
ISBN 978-3-95451-512-7

Ralf Nestmeyer
**111 Orte an der Côte d'Azur,
die man gesehen haben muss**
ISBN 978-3-95451-563-9

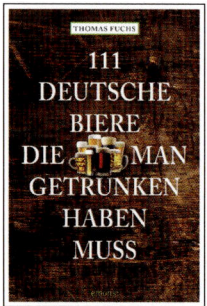

Thomas Fuchs
**111 deutsche Biere, die man
getrunken haben muss**
ISBN 978-3-95451-414-4

Rüdiger Liedtke,
Laszlo Trankovits
**111 Orte in Kapstadt, die
man gesehen haben muss**
ISBN 978-3-95451-456-4

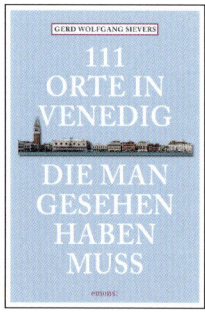

Gerd Wolfgang Sievers
**111 Orte in Venedig, die
man gesehen haben muss**
ISBN 978-3-95451-352-9

Eckhard Heck
**111 Orte in Maastricht, die
man gesehen haben muss**
ISBN 978-3-95451-368-0

Petra Sophia Zimmermann
**111 Orte am Gardasee und
in Verona, die man gesehen
haben muss**
ISBN 978-3-95451-344-4

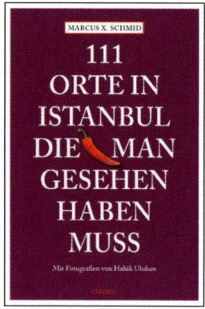

Marcus X. Schmid,
Halûk Uluhan
**111 Orte in Istanbul, die
man gesehen haben muss**
ISBN 978-3-95451-333-8

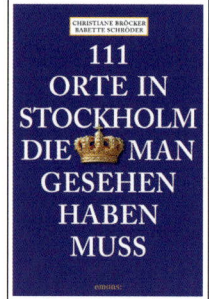

Christiane Bröcker,
Babette Schröder
**111 Orte in Stockholm, die
man gesehen haben muss**
ISBN 978-3-95451-203-4

Oliver Schröter
**111 Orte für echte Männer, die
man gesehen haben muss**
ISBN 978-3-95451-228-7

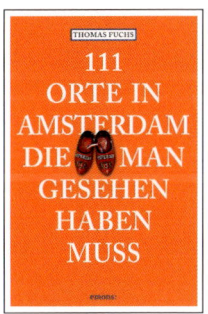

Thomas Fuchs
111 Orte in Amsterdam, die man gesehen haben muss
ISBN 978-3-95451-209-6

Annett Klingner
111 Orte in Rom, die man gesehen haben muss
ISBN 978-3-95451-219-5

John Sykes, Birgit Weber
111 Orte in London, die man gesehen haben muss
ISBN 978-3-95451-117-4

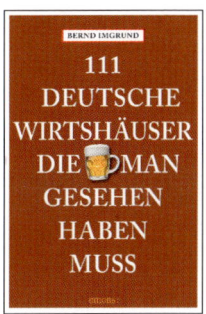

Bernd Imgrund
111 deutsche Wirtshäuser, die man gesehen haben muss
ISBN 978-3-95451-080-1

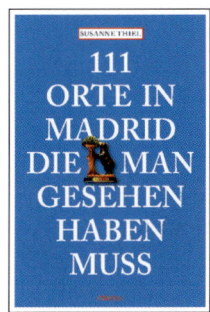

Susanne Thiel
111 Orte in Madrid, die man gesehen haben muss
ISBN 978-3-95451-118-1

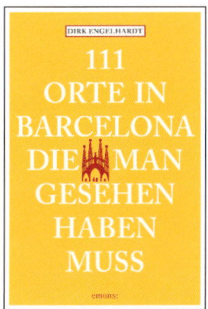

Dirk Engelhardt
111 Orte in Barcelona, die man gesehen haben muss
ISBN 978-3-95451-066-5

Stefan Spath
111 Orte in Salzburg, die man gesehen haben muss
ISBN 978-3-95451-114-3

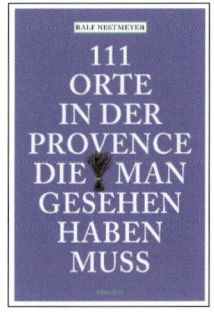

Ralf Nestmeyer
111 Orte in der Provence, die man gesehen haben muss
ISBN 978-3-95451-094-8

Peter Eickhoff, Karl Haimel
111 Orte in Wien, die man gesehen haben muss
ISBN 978-3-89705-969-6

Rike Wolf
111 Orte in Hamburg, die man gesehen haben muss
ISBN 978-3-89705-916-0

Rüdiger Liedtke
111 Orte auf Mallorca, die man gesehen haben muss
ISBN 978-3-89705-975-7

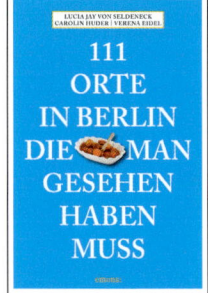

Lucia Jay von Seldeneck, Verena Eidel, Carolin Huder
111 Orte in Berlin, die man gesehen haben muss
ISBN 978-3-89705-853-8

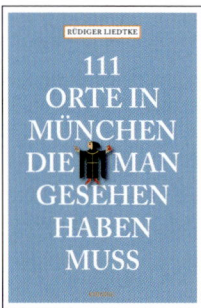

Rüdiger Liedtke
111 Orte in München, die man gesehen haben muss
ISBN 978-3-89705-892-7

Lucia Jay von Seldeneck, Verena Eidel, Carolin Huder
111 Orte in Berlin, die man gesehen haben muss
Band 2
ISBN 978-3-95451-207-2

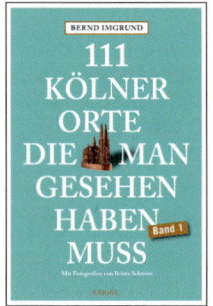

Bernd Imgrund, Britta Schmitz
111 Kölner Orte, die man gesehen haben muss
Band 1
ISBN 978-3-89705-618-3

Bernd Imgrund, Britta Schmitz
111 Kölner Orte, die man gesehen haben muss
Band 2
ISBN 978-3-89705-695-4

Marx de Morais
111 Orte in Turin und im Piemont, die man gesehen haben muss
ISBN 978-3-95451-736-7

Mercedes Korzeniowski-Kneule
111 Orte in Basel, die man gesehen haben muss
ISBN 978-3-95451-702-2

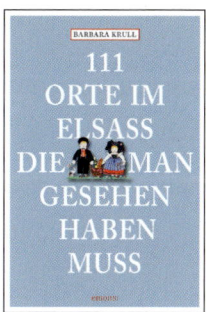

Barbara Krull
**111 Orte im Elsass, die man
gesehen haben muss**
ISBN 978-3-95451-596-7

Beate C. Kirchner
**111 Orte in Florenz und im
Norden der Toskana, die
man gesehen haben muss**
ISBN 978-3-95451-513-4

Sina Beerwald
**111 Orte auf Sylt, die man
gesehen haben muss**
ISBN 978-3-95451-511-0

Gerald Polzer, Stefan Spath
**111 Orte in Graz, die man
gesehen haben muss**
ISBN 978-3-95451-466-3

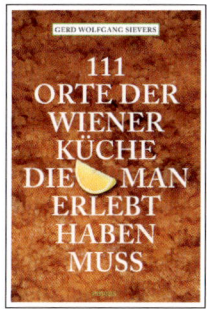

Gerd Wolfgang Sievers
**111 Orte der Wiener Küche,
die man erlebt haben muss**
ISBN 978-3-95451-337-6

Rüdiger Liedtke
**111 Orte in München, die
man gesehen haben muss**
Band 2
ISBN 978-3-95451-043-6

Rüdiger Liedtke
**55 ½ Orte rund ums
Oktoberfest, die man
gesehen haben muss**
ISBN 978-3-95451-370-3

Fabian Pasalk
**111 Orte im Ruhrgebiet, die
man gesehen haben muss**
ISBN 978-3-89705-814-9

Fabian Pasalk
**111 Orte im Ruhrgebiet, die
man gesehen haben muss,
Band 2**
ISBN 978-3-95451-223-2

Die Autoren

Martin Droschke, geboren 1972 in Augsburg, zog 1992 zum Studium der Philosophie, Pädagogik und Geschichte nach Nürnberg. Er arbeitete als freier Journalist und Literaturkritiker u.a. für den »Tagesspiegel«, die »taz« und die »Süddeutsche Zeitung« und lebt heute als freier Werbetexter und Autor in Coburg. Er beschäftigt sich seit einem Urlaub in Pilsen, der Geburtsstadt des gleichnamigen Bierstils, intensiv mit Gerstensäften und veröffentlichte bereits verschiedene Bücher zum Thema Bier.

Norbert Krines wurde 1973 im fränkischen Kulmbach geboren, der sogenannten »heimlichen Hauptstadt des Bieres«. Zum Studium der Germanistik, Sozialkunde und Geschichte wechselte er nach Bamberg, in die wahre Hauptstadt des Bieres, wo er als freier Autor und Dozent für Deutsch als Fremdsprache lebt. Seit 2001 ist er aktiver Heimbrauer. Im Januar 2011 startete er den Blog »Bier des Tages«, für den er jeden Tag ein Bier aus einer fränkischen Brauerei degustierte und beschrieb. Gemeinsam mit Martin Droschke veröffentlichte er 2016 den »Craft Beer-Führer Franken«.